世界五千年
科技故事丛书

卢嘉锡题

世界五千年科技故事丛书

# 彗星揭秘第一人

## 哈雷的故事

丛书主编　管成学　赵骥民

编著　姚文贵

吉林出版集团|吉林科学技术出版社

## 图书在版编目（CIP）数据

彗星揭秘第一人：哈雷的故事/管成学，赵骥民主编．—长春：吉林科学技术出版社，2012.10（2022.1重印）
ISBN 978-7-5384-6122-0

Ⅰ.① 彗… Ⅱ.① 管… ②赵… Ⅲ.① ①哈雷，E.（1656～1742）－生平事迹－通俗读物 Ⅳ.①K835.616.14-49

中国版本图书馆CIP数据核字（2012）第156330号

## 彗星揭秘第一人：哈雷的故事

| | |
|---|---|
| 主　　编 | 管成学　赵骥民 |
| 出 版 人 | 宛　霞 |
| 选题策划 | 张瑛琳 |
| 责任编辑 | 万田继 |
| 封面设计 | 新华智品 |
| 制　　版 | 长春美印图文设计有限公司 |
| 开　　本 | 640mm×960mm　1／16 |
| 字　　数 | 100千字 |
| 印　　张 | 7.5 |
| 版　　次 | 2012年10月第1版 |
| 印　　次 | 2022年1月第5次印刷 |

| | |
|---|---|
| 出　　版 | 吉林出版集团<br>吉林科学技术出版社 |
| 发　　行 | 吉林科学技术出版社 |
| 地　　址 | 长春市净月区福祉大路 5788 号 |
| 邮　　编 | 130118 |
| 发行部电话／传真 | 0431-81629529　81629530　81629531<br>81629532　81629533　81629534 |
| 储运部电话 | 0431-86059116 |
| 编辑部电话 | 0431-81629518 |
| 网　　址 | www.jlstp.net |
| 印　　刷 | 北京一鑫印务有限责任公司 |

| | |
|---|---|
| 书　　号 | ISBN 978-7-5384-6122-0 |
| 定　　价 | 33.00元 |

# 序　言

**十一届全国人大副委员长、中国科学院前院长、两院院士**

*路甬祥*

　　放眼21世纪，科学技术将以无法想象的速度迅猛发展，知识经济将全面崛起，国际竞争与合作将出现前所未有的激烈和广泛局面。在严峻的挑战面前，中华民族靠什么屹立于世界民族之林？靠人才，靠德、智、体、能、美全面发展的一代新人。今天的中小学生届时将要肩负起民族强盛的历史使命。为此，我们的知识界、出版界都应责无旁贷地多为他们提供丰富的精神养料。现在，一套大型的向广大青少年传播世界科学技术史知识的科普读物《世界五千年科技故事丛书》出版面世了。

由中国科学院自然科学研究所、清华大学科技史暨古文献研究所、中国中医研究院医史文献研究所和温州师范学院、吉林省科普作家协会的同志们共同撰写的这套丛书，以世界五千年科学技术史为经，以各时代杰出的科技精英的科技创新活动作纬，勾画了世界科技发展的生动图景。作者着力于科学性与可读性相结合，思想性与趣味性相结合，历史性与时代性相结合，通过故事来讲述科学发现的真实历史条件和科学工作的艰苦性。本书中介绍了科学家们独立思考、敢于怀疑、勇于创新、百折不挠、求真务实的科学精神和他们在工作生活中宝贵的协作、友爱、宽容的人文精神。使青少年读者从科学家的故事中感受科学大师们的智慧、科学的思维方法和实验方法，受到有益的思想启迪。从有关人类重大科技活动的故事中，引起对人类社会发展重大问题的密切关注，全面地理解科学，树立正确的科学观，在知识经济时代理智地对待科学、对待社会、对待人生。阅读这套丛书是对课本的很好补充，是进行素质教育的理想读物。

读史使人明智。在历史的长河中，中华民族曾经创造了灿烂的科技文明，明代以前我国的科技一直处于世界领先地位，涌现出张衡、张仲景、祖冲之、僧一行、沈括、郭守敬、李时珍、徐光启、宋应星这样一批具有世界影响的科学家，而在近现代，中国具有世界级影响的科学家并不多，与我们这个有着13亿人口的泱泱大国并不相称，与世界先进科技水平相比较，在总体上我国的科技水平还存在着较大差距。当今世界各国都把科学技术视为推动社会发展的巨大动力，把培养科技创新人才当做提高创新能力的战略方针。我国也不失时机地确立了科技兴国战略，确立了全面实施素质教育，提高全民素质，培养适应21世纪需要的创新人才的战略决策。党的十六大又提出要形成全民学习、终身学习的学习型社会，形成比较完善的科技和文化创新体系。要全面建设小康社会，加快推进社会主义现代化建设，我们需要一代具有创新精神的人才，需要更多更伟大的科学家和工程技术人才。我真诚地希望这套丛书能激发青少年爱祖国、爱科学的热情，树立起献身科技事业的信念，努力拼搏，勇攀高峰，争当新世纪的优秀科技创新人才。

# 目　录

**目 录** _____

# 巧遇彗星立志向

1910年初，世界各地都在传播着一条消息：一颗彗星将要和地球相撞。

某大报写道："维也纳的天文学家们确信，一颗彗星的尾部将于5月18日夜横扫地球。根据天文学家最新研究成果，彗尾中有剧毒的氰化物、一氧化碳等有毒气体。因此，当彗星尾部扫过地球时，地球表面的一切动物、植物将无一能逃过死亡的厄运"。

随着彗星向地球的逼进，紧张的气氛达到了极点。

德黑兰5月17日讯。波斯人恐慌地等待着星期四的到来。僧侣们在张贴布告：号召信徒们举行虔诚的祈祷和斋戒，以感动安拉，为他们灭祸免灾。很多人掘好了地洞，准备到星期四那天藏在那里，以避"天怒"。

在俄国，传教士宣传着"世界末日"和"神的处罚"。许多大城市的街道上到处有人在祷告。可悲的是，沙皇政府竟然禁止天文学家巴叶夫本来准备在莫斯科进行的关于彗星知识的演讲。

在奥地利的维也纳，彗星将临的巨大恐怖，令人变得歇斯底里。有人变卖了家中所有财产，尽情挥霍。大街上随处可见倒在路旁的醉汉。许多人储备了氧气，甚至有人因恐怖而自杀。

1910年5月18日夜，彗星尾部如期扫过地球。然而，这一天的夜晚至次日清晨，一切依然如故，地球平静地穿过了彗星的尾部。当人们疲惫地从晨梦中醒来时，太阳还是那样火红，空气还是那样清新，鸟儿照旧在歌唱，青草依然那样碧绿。人们睁大了眼睛在寻找着不寻常的变化，可是地球上没有留下丝毫被破坏的痕迹。噩梦醒来是早晨，此时人们才记起了天文学家的忠告，彗尾中的物质极其稀薄，一条1.5亿千米长的彗尾，总共只含有大约150克物质，不会对地球生物产生任何威胁。人们忽然明白了，自己白白虚惊了一场。

这颗与地球相擦而过的彗星，就是200多年前以英国天文学家埃德蒙·哈雷（Edmond Halley，1656—1742）的名字命名的"哈雷彗星"。说起哈雷对彗星的研究，还有许多故事哩。

1680年夏天，一位年轻的学者来到了法国首都巴黎，他就是英国天文学家哈雷，他是利用休假的机会来法国旅游的。

巴黎的美丽景色和悠久文化深深地吸引着这位年轻的学者。高大华美的巴黎圣母院，豪华壮观的凡尔赛宫，风光秀丽的塞纳河畔……然而，他更感兴趣的是慕名已久的巴黎天文台。

卡西尼台长热情地接见了哈雷，并同意了他在那里做短期访问研究的请求。在短短两周的访问期间里，哈雷经历了一件让他终生难忘的事情。

一天，哈雷正在专心致志地阅读卡西尼台长发现土星的四颗卫星的观测资料。忽然，一阵嘈杂的吵闹声夹杂着断续的哭声从走廊传进宁静的屋里。哈雷急忙放下手中的资料，出来看个究竟。

只见一位年轻的侍从在伤心地哭泣着，在大家的催促下，他叙述了家中发生的一件不幸的事情。

两天前，我父亲在菜园里干活，感觉累了，他直起腰来想稍微休息一下疲惫的筋骨。不幸的是，当他面对蓝天的时候，朗朗日光里，竟然看到一颗拖着尾巴的大彗星。他万分恐惧，说这是大白天里见了鬼，这妖星会给他带来灾难。于是，扔下锄头跑回家，不吃不喝，整天冲着天空祈祷。他有些精神失常，竟然放火烧了自家的粮食，说是要驱赶妖魔，这可让我一家怎么活呢？这彗星真把我家害得太苦了……

听到这里，哈雷迅速转身，飞跑着冲出大门，在天空中寻找着侍从所说的那颗彗星。果然，蔚蓝的天上，一颗闪亮的彗星拖着长长的尾巴赫然悬挂在天空中。哈雷马上意识到，这是一种罕见的天象。于是他与巴黎天文台台长卡西尼一起，对这颗罕见的大彗星进行了细致的观测。

哈雷被这颗彗星深深地吸引着，他在天文台的一个阳台上支起了一架望远镜，如醉如痴地进行观察，夜以继日，常常忘记了饥渴和疲倦。在他的眼里，这颗彗星实在太奇特了，天文史料中也未见过有如此明亮的大彗星的记载。

当夜幕降临巴黎的时候，墨蓝色的天空中由于彗星产生的光芒使得皓皓明月黯然失色，满天的星斗也隐去了昔日的光辉（据后人推测，这颗彗星的亮度比满月强近100倍，可以与一盏2米外100瓦的白炽灯灯光相比）。这样亮的彗星，即使在白天也赫然可见。

彗星拖曳着一条洁白的彗尾，仿佛是一位美丽的少女在天幕下翩翩起舞，显得楚楚动人。哈雷计算出，它的彗尾最长时可达3.2亿千米，真是太壮观了。

明亮的彗星逐渐变得暗淡，慢慢地隐去了，但它那耀眼的光芒和少女般美丽的身躯却深深地印在哈雷的脑海里，久久难以忘怀。深入研究彗星的欲望像一粒种子在他心里开始萌发。

在这次巴黎之行的两年后，哈雷与温柔、漂亮的玛丽·托克小姐相爱了，1682年的秋天，甜蜜的热恋结出了美满的果实。哈雷与玛丽在艾林顿城的一座教堂里举行了庄重而热烈的婚礼，新婚夫妇沉浸在无比的幸福之中。

婚后，哈雷携新娘玛丽来到海滨一个宁静的小城度蜜月。碧蓝的海水，洁白的沙滩让他们置身其中，流连忘返。但是，对哈雷来说，更令他兴奋的是这里清澈而宁静的星空。

当太阳慢慢地落入大海，美丽的晚霞用她那纤纤玉手将夜幕徐徐拉开的时候，哈雷总是拉着玛丽来到宁静的海边。晚风徐徐吹来，高远的天幕上无数的星星好像刚刚从睡梦中醒来，渐渐地睁大了眼睛，仿佛是一颗颗璀璨的水晶镶嵌在墨蓝色的天鹅绒上。哈雷一边观察着星空，一边给新婚的妻子讲述着星星的故事，他们的爱，让星星联结得更紧密了。

就在这甜美的蜜月期间，天空中又一次出现了大彗星。这颗彗星的出现，仿佛是苍天为这对新人送来了最珍贵的礼物，哈雷欣喜若狂，和玛丽一起对它进行了观测，二人伴着彗星度过了蜜月的尾声。

回到伦敦，哈雷的脑海中总是叠印着彗星的倩影。客居巴黎时那颗异常明亮的彗星和蜜月之旅这颗佳期巧遇的彗星交替在他眼前晃动。他的心绪完全沉迷于彗星这神秘的天体中。

这神秘的东西，它从哪里来，又到哪里去呢？它的模样为什么如此古怪？哈雷常常这样独自一人自言自语。此时，在他内心里已经逐渐形成了一个宏伟的志愿，将彗星作为自己的主要研究方向，一定要揭开它的秘密。

# 揭示彗星运行的奥秘

当哈雷下决心开始研究彗星的奥秘之后，便开始着手收集一切能找到的有关彗星的资料。并开始着手研究彗星的运行轨道，坚持不懈，年复一年，他跑遍了英国各大图书馆，收集到大量的资料。前人在彗星研究方面的艰难和留下的遗憾重现在他的眼前……

在早期的天体研究中，认为彗星并不是天体，而是大气层中燃烧的气团，这种观点一直持续了近两千年，直到16世纪70年代，丹麦天文学家第谷（Tycho Brahe，1546—1601）在观测一颗彗星时发现，它与地球的距离至少是地球与月球距离的4倍。这说明彗星远离地球大气层，不可能是一团燃烧的气团，它们跟其他行星一样，是一种天体。

但是，如果彗星是天体的话，它为什么看起来与别的天体差异那么大呢？第谷对此还不能做出确切的解释。时至今日，人们对彗星的了解也没有太多的进展。想到这些，哈雷的内心充满了焦虑，同时也感到自己肩上的担子更重了。

1695年，已是皇家学会书记官的哈雷对多年来收集的彗星资料进行了深入研究，在361年的记录中挑选了24颗彗星作为研究对象。计算彗星的轨道是件工作量很大，而且极为复杂的事情，哈雷锲而不舍，埋头苦干了十年，终于取得了可喜的成果。1705年，他的《彗星天文学》出版了，这是天文学史上第一部关于彗星研究的专著，开创了彗星研究的新阶段。

在整理彗星轨道资料的过程中，哈雷以其敏锐的观察力发现，在他所研究的24颗彗星中有3颗彗星的轨道如出一辙。其中包括1682年他新婚时亲自观测的那一颗；1607年开普勒见到的那颗；以及1531年阿皮昂观测的一颗。这三颗大彗星越过天空的路线基本一致，而且间隔时间都在75年左右。难道是偶然的巧合吗？那就太不可思议了。哈雷思考着，不由得内心豁然开朗，那在新婚之夜披着美丽长发的彗星可能再一次向他迎面飞来……

是的，这三颗彗星很可能是同一颗彗星的三次回归。哈雷思忖着，但他没有轻率地下结论，决心继续追索下去，找到确切的证据。

他进一步收集了彗星资料，果然发现1456年、1378年、1301年、1145年，一直追溯到1066年，历史上都有大彗星的记载。这些彗星出现的时间间隔虽然有1—2年的差异，但他认为这应该是木星和土星的引力运动所引起的，这些大彗星几乎可以肯定是同一颗彗星的多次回归，到这时，哈雷才有了完全的把握，他在完成了1682年这颗彗星轨道的计算工作之后，宣布这颗1682年曾出现过的彗星将于1758年再次出现于天空，它将沿着一条特有的路线运行。

哈雷自忖，他恐怕没有活到102岁，再次目睹这颗彗星回归的福分，因此，他在给皇家学会的报告里幽默地加上了一段附言："如果彗星根据我的预言，大约在1758年再现的时候，公正的后代将不会忘记感谢这首先是由一个英国人发现的……"。

"一石激起千层浪"，哈雷的预言轰动了世界。有人对此兴奋异常，也有人将信将疑，更有人公开站出来反对。他们讥讽哈雷不过是作了一个"最稳妥不过的预言"而已！并说现在离这颗彗星出现的日子还有五十多年，到那时即使彗星不来，难道我们还能到上帝那里去追究哈雷先生的责任吗？对此，哈雷一笑置之，并不在意。

1758年12月，整个欧洲都沉浸在喜气洋洋的气氛中，人们在迎接传统节日——圣诞节的到来。此时，各地的天文学家和天文爱好者们也都异乎寻常地忙碌着。他们在期待着哈雷预言的那颗彗星的到来。这预言是否准确，也许会在节日期间得到证实。一些天文学家们紧张得晚上不敢睡觉，生怕错过了这人生只有一次的难得机会。

12月25日夜，伴着圣诞节五彩缤纷的彩灯，拖着洁白尾巴的彗星果然如约而至。一位名叫约翰·格奥尔格·帕利茨的德国农民——一名天文爱好者，首先发现了这颗彗星。这消息轰动了全世界，哈雷的名字也随着这光芒四射的彗星响彻云天，传遍大地。

天文学家们为了纪念哈雷在彗星研究方面的卓越贡献，将这颗周期彗星命名为"哈雷彗星"。

# 古老记录在中华

晴朗的夜空犹如墨蓝色的海水，静谧而清新。仰望夜空，天宇高渺，明月皎洁，群星争耀，河汉灿烂。熠熠闪烁的群星按照神话中描述的故事组成了美丽的星座。几颗钻石般的行星在群星中缓缓移步，宇宙中的一切都显得那么宁静与和谐。这一切多么美丽，多么奥妙，多么神奇啊！

那九天之上的神奇世界引出过许许多多动人的故事和猜想——女娲补天的英雄业绩；嫦娥奔月的美丽传说；牛郎织女的动人佳话……

像这传说一样美丽，像这故事一样动人的还有我国古代探索星空的奇迹。

翻开近代欧洲关于彗星的研究历史，许多新的成果之中都蕴含着中华民族的智慧结晶。

1835年，也就是经过哈雷的预测之后，哈雷彗星第二次回归的时候，伦敦的大街小巷人头攒动，人们争相目睹哈雷彗星的迷人风采。

这一年，冬天仿佛来得格外早，刚刚进入11月中旬，已是寒气逼人了。哈雷彗星从11月16日开始出现在天空，每天清晨，伴随着东方的晨曦，人们迎着凛冽的寒风兴致勃勃地观察这奇异的天象。

人群中有一位年仅12岁的少年格外引人注目，他就是后来成为研究彗星和小行星的天文学家哈尔德。

11月20日，小哈尔德像前几天一样，天未亮就走出家门，随父亲去看哈雷彗星。然而，这一天伦敦出现了大雾，无论哈尔德如何调整望远镜的焦距，却怎么也找不到哈雷彗星的影子。寒冷的晨风中，他竟然急出了一头大汗，可还是毫无结果。他一遍遍地诅咒这可恶的大雾，不由得哭泣起来。旁边的大人们看着他那着急的样子和冻得像红苹果一样的小脸，不由得笑了起来，都夸他是个小彗星迷。

哈尔德为什么对哈雷彗星如此着迷呢？原来，哈尔德的父亲是位天文爱好者。在这次哈雷彗星回归之前，他给哈尔德讲述了哈雷的动人故事和彗星知识。从此，哈雷为天文学而献出毕生精力的动人故事以及彗星那奇特的身影，给这位少年留下了深刻的印象，激发了他对天文学尤其是对彗星的极大兴趣。

哈尔德随着流逝的光阴而渐渐长大了，而且成为一名年轻的彗星观测能手。他立志要像哈雷那样在彗星的研究方面做出自己的贡献。强烈的事业心驱使他多方面发掘和寻找史书中有关彗星的各种记载。在多年的资料搜寻中他得到了一个惊人的结论，彗星资料的最大宝库在东方的中国，特别是中国关于哈雷彗星的记载历史悠久，记录精确，是其他任何一个国家都无法比拟的。他的这一观点早已得到世界上的公认。

哈尔德从中国的史料中整理出15次哈雷彗星回归记录，排列成表，并一直推算到公元前12年（相当于我国汉成帝元年）。后来，他根据中国的资料算出，哈雷彗星的轨道面在汉朝时与地球轨道平面的交角比现在小8度之多。这一发现为探索哈雷彗星轨道的演变闯出了一条新路。

我国是世界上记录彗星最早的国家，哈雷彗星更是我国最早发现并记录的。

早在公元前613年（鲁文公十四年），我国就有关于哈雷彗星的记录，"秋七月，有星勃入于北斗"。在《史记》中也有："鲁文公十四年，彗星入北斗，周史曰'七年，宋、齐、晋君死'"之记录。这比欧洲的发现要早1602年，比耶路撒冷人的发现早679年。

根据我国著名天文学家张钰哲的研究，哈雷彗星在我国史料中的记载还可上溯到公元前1056年。《淮南子·兵略训》中说："武王伐纣东面而迎岁，至共头而坠。彗星出而授殷人其柄。"意思是说武王伐纣的时候，向东面迎着木星进军，到共头山而山崩。恰在此时，彗星从东方上升，柄朝东而星西指，似乎有意以扫帚之柄授给殷人以扫除从西方前来的军队。

张钰哲用计算机计算了近四千年来哈雷彗星的轨道变化，并从哈雷彗星的出现规律，证实了武王伐纣的确切年代，可谓一箭双雕。

据统计，到公元1500年，天空共出现过40颗彗星，我国全部观测和记载过。史学家马端临将它们制成星表，写入了《文献通考》一书，对世界天文学做出了可贵的贡献。这部书的法文译稿至今仍存放在法国巴黎天文台。后来，欧洲人毕欧、威廉斯等编制的彗星表都是在马端临星表基础上的进一步完善。

到公元1911年，我国史书上共记载了359次彗星，其中写作彗星的256次，写作孛星和星孛及其他名称的103次。这样丰富的记载在世界上绝无仅有。

1973年，在湖南长沙三号汉墓出土的帛书中就有关于行星的《五星占》，共8000字和29幅彗星图。图中表示的内容显示了当时已观测到彗头、彗核和彗尾的形态，特别是彗头和彗尾的形态多种多样。这比目前发现的世界上任何国家的彗星图都要早得多。据研究，它可能是战国时期所画，到现在已有2300多年了。然而，直到16世纪，西方大多数学者还以为彗星是大气里含有毒物质的气团。许多彗星图也是荒诞不经的，有人甚至把彗星描绘成利剑和人头。

在世界上最早发现彗星本体并不发光和彗尾方向与太阳有关的也是中国人。

唐代初期的天文学家李淳风（602—670）在《晋书·天文志》中写道："彗体无光，傅日而为光，故夕见则东指，晨见则西指。在日南北，皆随日光而指，顿其芒，或长或短"。这段精彩的记载，意思是说，彗星本身并不发光，是由于太阳的照射有光，所以黄昏看到的彗星尾巴指向东方，黎明看到的彗星尾巴则指向西方。出现在太阳南北两面的彗星尾巴指向，也是由它与太阳所处的位置决定的，彗星的尾巴长短不一。这里让人惊叹的是，早在南北朝时期，我们的先人就知道了彗星发光的本质，而且将彗尾的指向与太阳之间的关系说得清清楚楚。而欧洲人直到公元1532年才发现彗尾与太阳总是相背出现的，这之间相差近900年。

彗星的分裂是十分罕见的现象，我国也有较早的观测记录。在《新唐书·天文志》中有一段十分详细的记载："唐乾宁三年十月，有客星三，一大二小，在虚、危间，乍合乍离，相随东行，状如斗。经三日而二小星没。其大星后没虚、危。"这里说的唐乾宁三年是公元896年，虚和危是我国古代星宿名称，即现在的宝瓶和飞马星座的一部分。这段的意思是说，公元896年，在宝瓶和飞马座观测到已分裂成一大二小三颗彗星，相伴着向东运动，时而相合，时而分开，好像是在打架。三天之后，两颗小彗星先隐没了，接着大的彗星也消失了。描写得十分形象与生动。

我国古代对哈雷彗星的观测记录及对彗星的认识在世界上首屈一指。法国天文学家巴尔代称之为"世界上最好的纪录"。天文学家奥利维耶在他论彗星的著作中开头便指出："公元1500年以前出现的40颗彗星，它们近似轨道几乎全部是根据中国的观测推算出来的。"哈雷在预测1682年彗星回归时，也从中国的彗星记录中得到了不少的启示而确定它是一颗周期彗星。

　　"可上九天揽月，可下五洋捉鳖"，在古代的星空探索中，我们的先人曾经做出了辉煌的贡献，也必将激励我们后来人再创辉煌。

# 少年哈雷　初显英才

　　埃德蒙·哈雷学识博大精深，一生奉献于天文事业，取得了让世人瞩目的成就。"千里之行，始于足下"，哈雷之所以能够事业有成，而且成绩斐然，与他少年时代的勤奋好学是分不开的。

　　1656年11月8日，哈雷出生于伦敦，父亲最初经营食盐和肥皂，后来转而经营地产，家庭生活比较富裕。老哈雷是位开明的人，家中经济条件又比较优越，所以他非常重视对儿子的培养和教育。还在哈雷上小学的时候，就专门为他请了家庭教师。哈雷从小就努力学习，并且十分热爱自然科学。上中学时就开始表现出超常的智慧。

在一个晴朗的上午，明亮的阳光透过高大的玻璃窗铺洒在教室里，哈雷和同学们一起听老师讲述着地理学中关于地球磁场的内容。

"地球好像一个巨大的磁石，具有磁性，这一点可以通过它吸引磁针指向南北得到证实，地球周围有一个强大的磁场，它的范围可以延伸到地球以外很远很远。在磁场范围内，地球的磁北极吸引磁针的南极，地球的磁南极吸引磁针的北极。而地磁的两极和地理上的两极并不重合……"。

下课的钟声响了，同学们都蹦蹦跳跳地跑出教室，只有哈雷仍然坐在那里，一动不动，还沉浸在关于地球磁场的问题中。

哈雷并没有满足于老师所介绍的关于地球磁场的一般性内容，他的思维随着老师的讲授进入了更深的层次。

既然地磁的两极和地理上的两极并不重合，那么磁针所指示的方向就不是地球上的南北，而仅仅是地磁南北。也就是说，罗盘上的磁针所指示的方位与实际的地理方位之间存在着误差。那么，这个误差有什么特点，有什么规律呢？

放学后，哈雷箭一般地向家里跑去。脑子里被地球、磁极、指南针塞得满满的，仿佛世界上的其他一切都不存在了。

回到家里他直奔书房里那架地球仪。这地球仪他平时看了不知多少遍，实在是太熟悉了，但今天再来看它却觉得那样新鲜，仿佛透着一股神奇的魔力。

他迫不及待地在地球仪上找到了磁南极和磁北极。这两个小小的星号过去一直未曾留意，它们确实不在地理的南北极上。哈雷找来了铅笔，以两个磁极为端点做了一条磁经线。

"对，这就是磁针所指的方向了"，哈雷兴奋地自言自语道："印在地球仪上的地理子午线所指的方向是真正的南北，它与我做的磁子午线之间的夹角不正是我要找的误差角吗！"

第二天，哈雷早早来到学校，将自己的想法告诉了老师。老师为他的好学精神所感动，并告诉他："你说的那个误差角，在地磁学上叫磁偏角，你如果让地球仪上布满磁经线，就会发现世界各地的磁偏角一般是不相同的。"

"那伦敦的磁偏角是多少呢？"哈雷追问着。

看着哈雷那渴求知识，满含期待的大眼睛，老师话到嘴边又咽了回去，转而微笑着说："也许你自己能找到答案，试试看吧。"

哈雷理解老师的用心，他是在鼓励自己独立寻找答案，于是不由自主地又陷入沉思之中，甚至忘记同老师打招呼就闷着头离开了。

为了解开伦敦磁偏角之谜，哈雷冥思苦想，寝食不安。

他找来一只旧罗盘，摆在桌上，静静地、长时间地凝视着罗盘上的小磁针，心里默默地念叨着，"它指的不是真正的南北，它是磁偏角的一条边。可是，另一条边在哪儿呢？那条边应该是经线，但它却看不见，也摸不着……。"想着想着，疲劳的哈雷趴在桌边睡着了。

落地大钟悠扬的报时声把哈雷从梦中惊醒，他懒懒地抬起头来，午后那耀眼的斜阳直射他那惺忪的睡眼，他下意识地躲开这让人讨厌的光线，才睁开了眼睛。

此时，阳光洒满了屋内，暗红色的地毯上清晰地显现出窗棂的影子。哈雷若有所思地盯着这些好看的影像，内心深处似乎感觉到了什么。他凝神细想，极力捕捉着心中的每一丝闪念。

忽然，他眼睛一亮，一下捕捉到了这稍纵即逝的灵感。

　　"妙极了，妙极了，可爱的阳光，可爱的影子，我找到了，我有办法了……"。哈雷高兴得有些语无伦次了，他发现，在阳光的影子中，就能找到地理经线。

　　一连几天，哈雷将一条细线垂直立在院子里，寻找阳光照射它形成的影子最短的那一时刻。他知道，此时太阳的影子指向正北，是本地的正午时刻，这条影线就是地理南北经线的一部分。

　　哈雷迅速地把这条线画在纸上，将纸固定在地面，再将罗盘磁针所指示的方向线也画在纸上，这样，两条线相交，一个微小的交角呈现在纸上。他用量角器仔细地量取这个角度，结果是2°30′，哈雷成功了。作为一名中学生，他用自己坚韧的毅力和超群的智慧精确测得了伦敦的磁偏角，此事在当时传遍了伦敦，成为一段佳话。

　　哈雷的父亲对儿子勤奋好学，刻苦努力的劲头感到十分高兴。由于此时哈雷已显示出对天文学的极大兴趣，并已开始进行天文观测，所以奖给他一架24尺（1尺=0.305米）长的望远镜和一具半径5尺多的六分仪（用来测量远方两个目标之间夹角的光学仪器，多用于天文观测，航海或航空）。后来哈雷在观测南天星空，制作史无前例的南天星表时，使用的就有父亲送给他的这套仪器。

1673年7月24日，不满17岁的哈雷以优异的成绩进入英国著名的牛津大学王后学院学习，他如鱼得水，尽情地在知识的海洋中遨游。他主要学习拉丁语、希腊语、希伯来语，兼学数学。当时的数学课中含航海术和天文学，哈雷非常喜欢这个科目，坚持不懈地用父亲送给他的仪器进行天文观测。

大学期间，哈雷最爱读的是伟大的天文学家开普勒（Jahannes Kepler，1571—1603）的著作，其中涉及行星运动三大定律的《新天文学》和《宇宙谐和论》他都读了多遍。他深为开普勒在天文学上的卓越贡献而折服，立志成为像他那样的人。

然而，哈雷并没有盲目地崇拜前人。他在1675年重读《新天文学》时，注意到了这样一段话："在椭圆轨道上运行时，行星对于椭圆虚焦点的角度相等。"雄厚的数学基础及天文学知识使哈雷敏锐地感觉到这种结论似有不妥之处，但问题在哪里，他在没有充分的论证和计算之前，没有轻易下结论。

一连几天，哈雷足不出户，以数学方法从多个角度论证这句话的错误所在。功夫不负有心人，正如生物学家巴斯德所说："机遇只施惠于有准备的头脑。"哈雷经过艰苦的计算，终于用严谨的数学方法证明开普勒的结论是错误的。

哈雷把自己的计算结果写成论文，寄给了格林尼治天文台台长费拉姆斯蒂德，经这位前辈的推荐，论文于1676年在《哲学杂志》上发表，在天文界引起了极大的反响。从此，再版的《新天文学》中，开普勒的那段话就被删去了。

一位年龄只有19岁的年轻人，竟然能指出大天文学家的错误，而且敢于以科学的态度直抒己见实在是难能可贵。哈雷已经靠自己的努力和才智成为天文学领域一颗冉冉升起的新星。

# 立志去远行

深秋的大西洋洋面上，几乎每天都是晴朗的好天气。蓝天深处，淡淡地飘着几朵美丽的白云。海水就像天色一样的蔚蓝，锦缎般闪烁着柔和的光辉。

在海天相接的远处，一艘轮船冲破了沉寂的海面自北向南急驶着，这是东印度公司一艘名叫"联合号"的海轮。

船舷旁，一位学生模样的年轻人迎着微风站立在甲板上，他那深邃而略带稚气的目光凝视着南方的海天，仿佛随时准备投入一场激烈的战斗，他就是刚满20周岁的埃德蒙·哈雷，此次出行，他将去远在南大西洋，位于南纬16°

线上的圣赫勒那岛，去完成一项前人未曾做过的事业——观测南天星空，去开垦那块神秘而圣洁的处女地。

此时，哈雷遥望着辽阔的大海，心情难以平静，实现去南方观测星空的计划所遇到的波折又一幕幕闪现在他的眼前。

上文中我们已经提到，从1675年哈雷还在读大学三年级时，就与天文学家、格林尼治首任天文台台长费拉姆斯蒂德（John Flamsteed，1646—1719）有了书信来往。在老台长的鼓励下，哈雷全身心地投入到天文观测和研究中，而且成果颇丰，多次在皇家学会的科学刊物《哲学杂志》上发表论文。费拉姆斯蒂德对年轻的哈雷十分赏识，他在给一位同事的信中写道："我发现了一位在计算和数学等几乎所有领域中都非常熟练的天才青年，只有19岁，他的名字叫埃德蒙·哈雷，他住在牛津，他的想法和我的非常一致。"

当时费拉姆斯蒂德正在编制星表（记载天体各种参数，如位置、运动、星等、光谱类型的表册），但他的工作局限在北半球。由于没有人去过南半球进行工作，所以缺少南天的资料。而对于日益发展的航海事业来说，提供精确的南天恒星位置，无疑是十分重要的。对此，费拉姆斯蒂德一直认为这是件十分遗憾的事情。

1676年，还在大学读书的哈雷从费拉姆斯蒂德那里了解到这种情况后，就萌发了去南方观测星空的想法，经过一段时间的酝酿，一个宏伟的南天观测计划成熟了。他立志要填补天文观测方面的这一空白。于是把自己的想法写信告诉了费拉姆斯蒂德。哈雷的想法得到了这位天文学前辈的全力支持，他对年轻哈雷的选择表示由衷的赞赏，更重要的是他对哈雷的才华和勤奋有深刻的了解和信任。

决定了的事情就立即去做，这是年轻哈雷的脾气。然而，这时恰逢哈雷即将大学毕业，摆在他面前的是两种选择，一是安安稳稳读完大学，拿到学位后再做打算；另一选择是放弃学位，将南天观测作为自己最大的事业。哈雷毅然选择了后者。对他来说，与做一件前无古人的事业相比，学位又算得了什么。许多同学和老师为哈雷拿不到学位而感到惋惜，而哈雷却并不在意，他觉得事业更重要。

哈雷的父亲得知爱子将去远方完成一项伟大事业之后，特地从家中来到牛津，看望并鼓励他。在资金方面给予了大力支持。答应给他300英镑。在当时，这些钱是一个不小的数目，相当于格林尼治天文台台长费拉姆斯蒂德3年的薪俸。哈雷感受到，父亲所给予的不仅是金钱，而是通过父爱所体现出来的对他的事业的巨大支持，更加坚定了他去观测南天星空的信心。

去圣赫勒那岛观测南天星空虽然是一件利国利民的好事，却远不是一件容易的事。要想成行，还有许多困难，甚至要惊动国王。

1676年7月，哈雷将计划正式呈报给皇家学会名誉书记奥勾登伯格，请求学会的支持。但是，当时圣赫勒那岛并不是由英国直接统治，真正的统治者是东印度公司，如果不得到这家公司的许可，仅有皇家学会的同意是不可行的。

后来，哈雷这份远征计划经郡政府官员之手，转呈给国王查尔斯二世，国王对年轻哈雷有哪些抱负感到由衷的高兴和欣慰，并明确表示，同意哈雷的计划："给他和他的朋友克拉克免费去圣赫勒那岛的船票。"国王通过兵器研究官穆尔将信转给东印度公司。

穆尔是位数学家，也曾致力于格林尼治天文台的建设，对天文研究颇感兴趣。为了实现哈雷的计划，穆尔求助于东印度公司的著名物理学家和化学家波意尔，就是那位发现气体的体积和压力关系规律的大科学家。

在穆尔和波意尔的积极努力和协助下，在1676年10月

4日，东印度公司召开高级职员大会，在当天的会议记录中这样记载着："我们确认，哈雷和克拉克可以乘船去圣赫勒那岛，并在那里逗留，目的是为了观测行星和恒星的位置，以便把它们记入天球仪之中。"

哈雷的远征计划终于可以成行了。

1676年11月的一天，天气晴朗，风和日丽，哈雷和克拉克激动地登上了东印度公司由格拉夫特船长指挥的"联合号"海轮。汽笛长鸣，轮船告别了祖国本土，向南大西洋徐徐驶去。

到圣赫勒那岛的航程是9000千米，"联合号"一路顺风，于1677年2月平安抵达目的地。

# "南天的第谷"

南大西洋的圣赫勒那岛，以其美丽的风光欢迎远道而来的哈雷一行。这座小岛位于赤道以南的16度线上，距非洲西海岸1600多千米，是一座面积仅122平方千米的火山岛。它虽然地处热带，却因东南贸易风和南大西洋冷空气的影响而气候宜人。

圣赫勒那岛虽小，却举世闻名，因为它曾有过几段令人瞩目的历史。

早在1562年5月21日，葡萄牙人占领了这个火山小岛，因为这一天正好是古罗马君士坦丁大帝之母圣赫勒那的生日，葡萄牙人便命名它为圣赫勒那岛。1633年后，它又一度为荷兰人占领。直到1659年，英国东印度公司占领了该岛，使其成为在南方距英国本土最远的"直辖殖民地。"

正是由于哈雷在岛上观测并制作了南天星表，使小岛自17世纪末期就为天文学界所瞩目。

更让这座小岛名扬四海的，是因为拿破仑曾于1815年兵败后被流放并囚禁于此。1821年，这位法国皇帝，被人们称之为"军事怪杰"的大人物就在这座小岛上结束了他那惨淡的余生。岛上留下了他的衣冠冢。后来，人们还将他的旧居"隆武德"辟为博物馆，陈列着他的书籍和用具。自20世纪60年代以来，这座小岛已成为电视、广播传播系统的中心……

当哈雷踏上这座火山岛的时候，即被它那旖旎的风光所陶醉，更为其地势的险峻而惊叹。岛上大部分海岸线都是由火山岩组成的悬崖绝壁，岛内地势起伏不平。哈雷和克拉克一起经过艰苦的踏查，终于在位于岛中央的最高山戴尔纳山峰上设置了观测点。从这座900米高的山顶，可以看到四周的大海，视域开阔，是一个理想的观测点。

在距戴尔纳山不远处的一座山丘上，他们建立了一座临时天文台，这也是南半球的第一座天文台。从此，这座山丘就被人们叫做"哈雷山"。观测位置确定之后，哈雷与克拉克来不及休息，开始进行观测仪器的调试与安装。

进行天文观测的仪器精密度要求较高，价格也是十分昂贵的。在这方面，哈雷十分感激父亲在经济上给予的巨大支持，使他能够购置和定做必需的设备，满足了南天观测的需要。在这些仪器中，最大的是半径18米的大金属六分仪，安在铜壁上的望远镜可以微调，以保证观测精度和速度。哈雷还把在牛津使用的半径为6000米的象限仪带到了岛上，在其窥口上可以投影太阳像，用以测量太阳的高度。测定夜间时刻则用摆钟。此外，哈雷还带来好几架望远镜，其中就包括父亲在他读中学时赠给他的那一架。

在圣赫勒那岛上进行观测要比哈雷原来想象的困难得多。岛上虽然气候宜人，却非常不利于天文观测。在哈雷住岛的一年中，经常遇到阴天，雨水也很多，观测条件比英国本土要差得多。在8月初至9月中旬一个半月中，甚至连一小时可观测的夜晚都没有。哈雷和克拉克内心焦急万分，惴惴不安。但是，正是这种压力，给了两位年轻人以强大的动力，他们在可观测的日子里，争分夺秒，彻夜工作，连一点点时间都舍不得荒废掉。因为他们知道，这关系到他们这项计划的成败。为了争取时间，两人常常在山峰还被云雾所笼罩，阴雨和冷风不断吹来的时候就守候在仪器旁，以便在阴云过去后迅速进入工作状态。他们克服了难以想象的气象上的困难。

然而，云、雾、雨带来的不便，比起岛上总督菲尔德的不合作态度，实在算不了什么。

圣赫勒那岛总督菲尔德是个粗俗而又傲慢的人。他虽然官职不高，但由于多年在这远离英国本土的小岛上主事，养成了唯我独尊的派头，对本岛的大人物唯唯诺诺，而对像哈雷这样的年轻人则根本不放在眼里，因此涉及到要求地方支持的事情，非但得不到帮助，反而常常遭到这位总督大人的挖苦和讽刺。

尽管自然条件的恶劣和总督的不合作给观测工作带来了极大的难度，哈雷和克拉克仍然克服困难，获得了丰富的观测资料。

在一年中，哈雷共观测了341颗恒星（其中豺狼座的6颗星是在船上观测的），并将其按星座排列，星的亮度一般给出整数等级，个别的精确到了0.5等级。记载了3个星云，一个是把天蝎座的单个星群误认为星云。另一个是天蝎座的蝎尾与人马座的弓之间的M7。第三个是很美丽的半人马座W球星团。

作为一名天文学家，哈雷不仅精确观测恒星的位置，而且还在这一年的11月7日观测了所发生的水星凌日（水星在日、地中间穿过时人们看到的天象）。他在观测报告中写道："如果能找出水星在黄道上横穿的路径，那么就很容易从我的观测中算出太阳的视差"。这是哈雷在天文学上的又一重大发现，这种方法在精确测定日、地距离上有极其重要的意义。现在测量日、地距离虽然有了精确的仪器，很多天文工作者仍然利用哈雷提出的方法。

1677年11月，哈雷的南天观测已接近尾声，他将观测报告，包括5月份的月食、日食的观测结果，寄给了这个计划的最有力的支持者——兵器研究官穆尔。

报告中写道："我们观测到了在英国绝对看不到的三颗一等星。南半球没有南极星。两个巨大的'云'，也就是在天河的分叉处的星云，即使月亮很亮时，也可以用肉眼勉强看到。"

哈雷与克拉克在圣赫勒那岛历尽艰辛，奋斗了一年，获得了很多观测资料，于1678年5月30日返回伦敦。

回国后，他们立即整理观测资料，准备尽快出版这次远征的结果，包括一部《南天恒星目录》和相应的星表。这些成果所包含的恒星虽然有限，它却是第一份南天星表。就当时人类对恒星的了解而言，它是一份最新、最宝贵的财富。正因为如此，出版商们对哈雷的出版物给予相当的重视，仅仅用了半年的时间，于1678年11月，正当哈雷迎来22岁生日的时候，《南天恒星目录》问世了。

哈雷这份星表是世界上最早的一份全部由望远镜观测的星表。在此之前完成的北天星表都是在肉眼观测的基础上作出的。因此，哈雷再一次以其过人的才华创立了天文史上的一座里程碑。从此，年轻的哈雷名声大振，人们对他所取得的成就更是十分赞赏，将他与伟大的天文学家第谷相媲美，称他为"南天的第谷"。

如今，由于有了先进的观测仪器和手段，各种类型的星表数不胜数，相比之下，哈雷那份341颗恒星的南天星表已成了沧海一粟。但是，我们不能忘记，那是第一份南天星表，它不但记载了恒星和星云，更记载了创业的艰难。

哈雷获得了成功，但是他并没有忘记在他遇到困难的时候给他以支持的人们。为了感谢国王的支持，哈雷向查尔斯二世呈献了一份平面星图。在这份星图上，从南船座中选出若干恒星组成"查尔斯的橡树"这个小星座，以纪念查尔斯国王的一段往事。

查尔斯二世也曾于1651年与克伦威尔的军队交战而失败，在被敌兵追逐的紧急关头，他靠一颗橡树躲过了敌人，死里逃生。后来这种橡树被称为皇家橡树。哈雷设计的这个星座，就是通过这段史实，用星图表达对国王的崇敬与感谢。

在成功与喜悦的后面，也存在着遗憾。哈雷由于中途退学，错失了就要获得的学位，他虽然事业有成，但这毕竟是一件憾事。如果要想得到特别学位，必须有国王或裁判所的命令才行。

1678年11月2日，哈雷就学位问题写信给牛津大学王后学院院长威廉森，他曾经对哈雷的远征计划给予了极大支持。威廉森院长赞成授予哈雷学位。但是，由于副院长的反对，哈雷没有得到学位。后来，院长直接写信给国王，汇报了哈雷的水平和希望获得学位的心情。国王亲自写信给副院长："我接到哈雷在学识和技术，尤其是在天文学和数学方面都很高的报告，他在圣赫勒那岛所做出的极为出色的观测就是证明。即使在就学期间的条件和后来的复学条件不够，我仍然推荐他为修士"。1617年12月3日，哈雷如愿以偿，获得了牛津大学的修士学位。

另外一件值得称道的事情是11月30日，经穆尔推荐，哈雷以其在天文学方面的学术成就和工作业绩，当选为皇家学会会员。这是一位年轻学者在当时所能获得的最高学术荣誉。

# 公正的裁判

　　哈雷完成了远征南天的观测计划后，一直沉浸在无比兴奋之中，因为这毕竟是他初出茅庐所取得的第一个成就，而且一鸣惊人。然而，此时此刻的他，并没有想到一场关于天文观测精度的争论正悄悄向他走来，并将其卷入了旋涡的中心。

　　争论发生在当时天文界的权威人士之间，一方以格林尼治天文台台长费拉姆斯蒂德为代表。他是哈雷最崇敬的学者，而且对哈雷有知遇之恩；另一方则是波兰著名天文学家赫维留（Johannes Hevelius，1611—1687），他是一位有名的观测专家，早在1641年，就由他领导建立了欧洲著名的但泽天文台，当时格林尼治天文台和巴黎天文台都还没有建立，他的工作是开创性的。

两大名家在天文观测的方法与精度问题上燃起烽烟，开始了一场旷日持久的大论战，引起了天文界的极大关注。

自1607年伽利略制成第一架天文望远镜并开始用以巡视星空以来，到17世纪中叶，几乎所有的天文学家都从用肉眼观测恒星位置转而使用望远镜。很多人都深信，用望远镜比用肉眼观测具有更高的精度。然而，波兰天文学家赫维留却对此一直持保留意见，而且坚持用肉眼观测来计量恒星的位置。有人说他冥顽不化，有人说他固执守旧。对别人的嘲讽和议论，他总是一笑置之，仍然我行我素。

最先向赫维留发难的是英国学者胡克（Robert Hooke，1635—1703），认为作为赫维留这样一位在天文观测上颇有影响的学者，竟然还在用肉眼进行观测，这是在倒退，是在开科学的玩笑。

在赫维留还未来得及为自己辩解的时候，在天文界德高望重的费拉姆斯蒂德又站了出来，提出了措词更尖锐的批评。他说："总不能认为赫维留具有比第谷·布拉赫更正确的测定能力。"

两位学者措辞激烈的批语使赫维留十分气愤，认为费拉姆斯蒂德的比喻实在是对自己最无情的讽刺，而且是毫无道理的。

在15世纪中叶，望远镜用于天文观测确实还存在着许多不足，赫维留坚信这一点。他认为费拉姆斯蒂德的观测精度未必比自己高，他很自信，自己毕竟有三十余年的观测经验。于是，在1677年赫维留提笔写信给费拉姆斯蒂德，礼貌而又不客气地提出了自己的观点："我们彼此都有责任用认为最好的方法进行观测。谁都认为您的观测方法比我优越，但最重要的是要有为什么比我优越的理由。现在我还不想完全舍去我的观测方法。"

赫维留深知，这种口舌之争解决不了根本问题，于是，他又写信给皇家学会官员奥尔登伯格，阐明了自己在观测方法选择上的态度，并将自己用肉眼观测的资料同时寄了去。皇家学会专门开会讨论了此事。初步认为赫维留的观测是出色的。但是，作为学会，望远镜和肉眼对恒星位置的观测究竟孰优孰劣，有必要弄个清楚，马上做出最终结论还为时尚早，因为必要的验证还是不可缺少的。

皇家学会决定派人去但泽对赫维留的观测精度看个究竟，可一时又找不到合适的人选。进行这项工作不仅要求是一名优秀的观测家，而且还必须精确制作星表。胡克虽然是优秀的学者，但不是观测家，况且他在争论中已经成为赫维留的对手，由他去验证很难得到赫维留的认可。费拉姆斯蒂德是有名望的观测家，但是他正忙于制作星表，而且作为格尼治天文台台长，公务缠身，也难以成行。

就在皇家学会的决策者们一筹莫展的时候，有人想起了刚刚从南天载誉归来的年轻学者哈雷，他的条件是最理想不过的了。观测技术、制作星表的经验是出众的，而且他拥有资金，又没有公务。更重要的是他当时并没有卷进这场争论。

对于哈雷来说，他也早有出访但泽，会见赫维留的想法。自他从南方归来后，就将自己制作的南天星表特别复制一份，寄给赫维留，并在随寄的信中写道："我打算用您的北半球星星的观测数据和南北半球连接部分星星的观测数据重新计算我的星表中星星的位置，因此，希望使用您的资料。在您的星表中如果加上我的资料，我将感到无上光荣。如果许可，我打算到但泽拜访您"。皇家学会的想法和哈雷的想法不谋而合。

1679年4月3日，皇家学会克鲁恩正式向哈雷提出，希望他去但泽。哈雷接到信后，愉快地接受了这项任务。并于1679年5月26日抵达但泽，受到赫维留的热情欢迎。

在但泽期间，哈雷以极其浓厚的兴趣与赫维留共同进行了十几天的观测，并对所争论的问题有了明确的看法，他在写给皇家学会的信中说："太阳的高度用四分仪来计量，恒星的位置则用半径为2米的大六分仪来测定。这种六分仪要由两个人共同使用。通常是由赫维留的妻子做他的助手，一个人盯着指向基准星的固定视野，另一个人看着可移动视野，以使视野中含有要观测的星。

按照赫维留的方法，几经测量基准星与测定星之间的角距，误差不超过10″。我亲自观测确认此事，即赫维留担任固定视野，我担任可移动视野，然后互相交换，结果其误差不超过5″，如果用望远镜，要求10″以内的精度都很困难，所以费拉姆斯蒂德先生也难于相信赫维留的观测精度，但这是真的。"

哈雷为了彻底弄清赫维留之所以能达到比第谷还高的观测精度，对他的方法进行了认真的研究。他发现，虽然赫维留的六分仪与第谷的相同，但是提高精度的关键在于经过改进后，两个人同时观测是提高精度的关键。如果由一个人进行观测，要看两个视野，时间较长，在一段时间内，由于地球的自转，星位发生变化，当两个人同时观测时，可以减少移动，节省时间，提高精度。另一项改进是在读取刻度的装置上下工夫。赫维留积三十余年的经验，可以极熟练地在刻度装置上读数，所以他能达到较高的精度是十分自然的。

哈雷在但泽住了两个月，经过他的观察和操作，无疑地确定了在这场争论中赫维留应被判为优胜。但他不知道他的裁判是否能改变费拉姆斯蒂德和很多持反对意见的天文学家的观点。事实上，包括费拉姆斯蒂德在内的天文学家们仍认为哈雷是感情用事。但哈雷认为，不论别人怎么看，哪怕是自己最尊重的人，自己都要实事求是。决不能趋炎附势，违背科学和良心。

当哈雷准备启程返回伦敦时，赫维留提出让他写一份说明自己观测精度优秀的证明书，哈雷愉快地接受了他的请求。哈雷在证明书中写道："我作为自由立场的人，证明赫维留观测的正确性。这是我使用他的六分仪，和他一起观测的结果。即使对同一颗星反复测定，也绝不会产生超过几秒以上的误差。"

哈雷在这次争论中，根据事实坚定地支持了赫维留。可是，年长哈雷45岁的赫维留后来的所作所为却使哈雷大为吃惊和生气。赫维留在1685年出版的一本书中，一方面把哈雷称为"最忠实，最热爱真实的人"，并将他们共同观测的结果和哈雷的证明书全都收录在书中，另一方面却不顾事实，将哈雷来但泽的目的说成是试验他的仪器。哈雷去圣赫勒那岛进行天文观测本来是出于自己的意愿，而且是自费，也被赫维留说成是皇家学会派遣，而且还是应赫维留的要求才实现的。赫维留这种抬高自己贬低别人的行为激起了哈雷的强烈不满。他与赫维留之间超越年龄的友谊因此而中断了。尽管如此，哈雷还是表现了应有的豁达和大度。他在给一位友人的信中这样说："我对赫维留表示愤怒不是出于本意，因此我不会在公开场合非难他，即使要说明情况，也要等到他死了以后。"

赫维留于1687年1月28日去世，这场关于观测精度的争论也就此偃旗息鼓了。

# 哈雷与牛顿

哈雷十分热爱生活，他为人正直、诚恳、热切而且极富幽默感。他和伟大的物理学家、天文学家、数学家牛顿（Isacac Newton，1642—1727）是同时代人。两人之间有着不寻常的友谊。他们在天文学乃至自然科学其他领域的携手合作、取得了令世人瞩目的成就。尤其令人难忘的是，在哈雷的无私支持下，牛顿点燃了自然科学中最明亮的火炬——发现并证明了万有引力定律及出版了科学巨著《自然哲学的数学原理》。

著名数学家拉格朗日曾评价说："牛顿是最幸运的，宇宙体系只能被发现一次。"就是在牛顿这"最幸运"的发现中，包含着哈雷的巨大功劳。

1666年，英国发生了大规模的瘟疫，牛顿为了躲避而住在家乡。一天，牛顿在散步时偶然看见树上的苹果向地上坠落。这件再平常不过的事情却使牛顿陷入了深深的思考，曾经朦朦胧胧的产生过的引力思考再次出现在脑海中。他认为，物体之间相互吸引，地球上所有对苹果的吸引力的合力是向着地心的，所以苹果才向着地心落下。

牛顿把这个问题推广到宇宙间。地球和月球之间虽然相隔地球半径60倍的距离，但二者仍然应该是以引力相互作用着。但是，月球为什么不像苹果一样掉到地球来呢？唯一能够解释这一问题的答案是月球在不停地绕地球上运动着。如果月球暂时停止运动，它将会毫无疑问地落向地球，引起一场大灾难。这就是牛顿提出万有引力定律的初始想法的过程。但是，完成这个定律的证明及出版有关著作却并不是一帆风顺的，是哈雷从中起了决定性的作用。

牛顿以月球与地球之间的相对运动作为研究基础，并发现二者之间的引力符合平方反比规律。但是他还没有找到一个较好的计算有限体引力的方法。因此，研究被搁置下来。

就在牛顿进行这些研究的同时，哈雷及其他学者也在进行这方面的研究。1684年1月，哈雷邀请了两位学者在伦敦会面，讨论这类问题。这两人是物理学家胡克（Robert Hooke，1635—1703）和天文学家雷恩（Christopher Wren，1632—1723）。他们不但想到了而且讨论了引力和距离平方成反比递减的问题。但是，历时两个月的讨论还是没有找到能证明其正确性的令人信服的依据。

夏天来了，火热的天气使得年轻的哈雷焦躁万分，天体间的引力问题仍未理出头绪，茫然中，他想到了牛顿。这位在物理学、天文学和数学方面颇有建树的学者，也许会给他以启发。于是，哈雷在夏末的8月离开伦敦，前往剑桥大学向著名的牛顿登门请教。

牛顿长哈雷14岁，对年轻哈雷在天文学方面的建树颇为赞赏。他热情地欢迎哈雷的到来，两人就引力与距离的关系问题展开了讨论。

哈雷向牛顿求教："假设一个行星受到太阳以和距离平方成反比递减的力的吸引，那他是以怎样的曲线运行呢？"

牛顿轻快而又明确地回答："椭圆"（严格地说应该是圆锥曲线，即椭圆，双曲线或抛物线，造成这种不精确解释的原因可能是牛顿在当时对事情的真相也不十分明确）。

牛顿的回答使哈雷目瞪口呆，又惊喜万分。他的疑问简直就像一层纸，让牛顿轻而易举地一捅就破了。他问牛顿得出这个结果的根据是什么，牛顿答道：

"我是计算出来的"。

哈雷当即向牛顿表示祝贺，同时希望能得到这份计算，牛顿爽快地答应了哈雷的要求。但是，他翻遍了纸堆中的文件，却找不到那份极为重要的计算。连他自己也说不清究竟放在哪里了，但是他答应哈雷，稍后会将这份计算寄给他。

牛顿是位治学严谨而又信守诺言的人，在哈雷离开后，他重新着手计算，发现原来的计算还存在一些问题。在用新的假设和方法进行精确的计算后，于1684年11月将计算结果寄给了哈雷。

哈雷看到牛顿的计算结果后，非常敏感地意识到它的重要意义。于是，他马上动身再次来到剑桥大学拜访牛顿，两位学者彻夜长谈，哈雷说服牛顿尽快整理和发表这份以数学方法写成的研究成果。牛顿愉快地接受了朋友的热心劝告。

回到伦敦后，哈雷主动为牛顿的成果向皇家学会登记备案，为牛顿获得这一成果的优先发明权奠定了基础。

　　1684年12月10日，皇家学会发出通告：哈雷先生于不久前到剑桥大学拜访牛顿先生，牛顿给他看了一份令人瞩目的论文《论运动》并根据哈雷先生的要求答应报呈皇家学会，以便如他所说的登记备案。

　　牛顿关于《论运动》的论文，实际上是他写出自然科学领域最伟大的著作《自然哲学的数学原理》的前奏。牛顿在哈雷第二次拜访之后，即1684年底就着手撰写他的大作。但是，这部巨著的形成无论是在内容上和方法上，还是在数学方面都遇到了极大困难。

　　牛顿在写作过程中，经常就一些疑难问题与哈雷进行通信式的讨论。毫无疑问，哈雷也应该算是这部不朽著作的撰写人之一，而不仅仅是发起人。此外，在巨著的手稿完成之后，哈雷还为本书观点的发明权之争及出版费用问题做出了艰苦的努力。

　　上文提到的学者胡克也是一位很有权威的物理学家，当时他任英国皇家学会干事。他也在潜心研究引力问题，而且已经到了成功的边缘。1684年，胡克出版了一本关于引力问题的专著。但在当时，他还没有办法对自己提出的观点进行严格的数学论证。也有人说，胡克在与哈雷讨论有关引力问题时曾经说过，他已经能够对引力定律做出证明，但是现在还不想公开，他要等别人碰得头破血流，都失败了才肯公布自己的证明方法。这种说法虽然难以证实，但在牛顿发表《自然哲学的数学原理》一书时，确实与胡克发生了关于引力定理发明权的激烈争吵，胡克曾直言不讳地指责牛顿剽窃他的研究成果。在争执白热化的时候，胡克拒不参加皇家学会的一切会议，而牛顿也只是在别人的再三劝说下，才将引力问题的研究继续进行下去。

哈雷是牛顿的朋友，也与胡克交往颇深。在两人的争执当中，他一直站在公正的立场上进行评说，不为私人感情所左右。他坚持认为，牛顿的功绩恰恰在于他用数学的方法证明问题，而胡克正是在数学论证方面无所作为。所以，牛顿是引力定律的发明者是无可非议的。

在哈雷第二次拜访之后，即1684年底，牛顿开始写作《自然哲学的数学原理》，他用16个月的时间完成了该书的第一篇，送呈皇家学会。第二、第三篇直到1687年春才全部脱稿。随后即将书稿寄给哈雷，由他进行了细致的审阅和勘误。然而这部著作实在是命运不济，书稿虽然完成了，出版问题又像一堵墙一样横在了牛顿面前。

1687年，英国皇家学会正在准备出版法国学者维鲁格比的巨著《鱼的历史》，用去了很大一笔经费。恰在这时，胡克提出的发明权问题又搅得沸沸扬扬，他在牛顿这本巨著的出版问题上又设置了许多障碍。在这种形势下，皇家学会压下了牛顿的原稿不予付印。

当时，哈雷担任《哲学学报》编辑与皇家学会秘书。针对这种情况，他挺身而出，为牛顿据理力争，为科学与真理而仗义执言。他决定用自己1687和1688两年的薪水来垫付《鱼的历史》一书的出版费用。哈雷的义举得到了许多知名学者的高度评价。皇家学会在这种形势下重新考虑了牛顿著作的出版问题，同意了哈雷的意见。牛顿划时代的巨著《自然哲学的数学原理》历尽波折，终于在1687年仲夏出版，并很快就销售一空。

在过后的一年多当中，哈雷的经济状况十分拮据，而皇家学会也因经费困难而无法偿付他每年23千克的年薪，只给他50本《鱼的历史》以物抵钱。可是这本书很难出售，直到1690年后，皇家学会才付清所欠哈雷的薪水。

牛顿深深感激哈雷公正无私的支持和热情友好的帮助。在这本巨著的前言中，牛顿对哈雷作出了如下评价：

"埃德蒙·哈雷是目光敏锐、博学多才的学者，为本书的出版付出了艰辛的劳动。他不仅为勘误和制版操劳，而且从根本上来说，他也是鼓励我撰写本书的人。因为正是他要我把这项论证呈报皇家学会，而皇家学会的作用则是鼓励我，要求我，使我开始想到去撰写这本书。"

著名数学家代·摩根说："要是没有哈雷的帮助，牛顿的巨著不可能问世，牛顿也不可能为世人所熟知。"

# 一代英才　名传千古

　　17世纪末期，世界上的大地测量方法还处于比较落后的状态，各个国家测量计算的国土面积并不十分精确。英国为了适应资产革命后的经济发展，由皇家学会将计算国土面积和每个郡的面积的任务交给了哈雷。在当时要想圆满地完成任务，实在是件令人为难的事情。哈雷接受这个任务后，终日陷入冥思苦想之中。他寝不能寐，食不甘味，甚至常常忘记了吃饭和休息，可还是没能找到一个理想的方法。

　　在一个晴朗的早晨，火红的朝霞透过高大的玻璃窗将雪白的墙壁染成了淡红色。仆人送来的早餐已经凉透了，可哈雷却无暇顾及。他目不转睛地凝视着桌上的地图，在苦苦寻找着计算国土面积的科学方法。

面对着被蔚蓝色海洋所拥抱着的祖国和那蜿蜒曲折的边境线，似乎难以找到一种精确的计算办法。

他轻轻地将手中的放大镜放在地图旁边的一本翻开的书上，缓缓地按摩着发酸的眼睛……

忽然"啪"的一声，圆圆的单柄放大镜从书上滑落到桌面的地图上。哈雷吓了一跳，他下意识地盯着放大镜，地图上的色彩也从放大镜片下透射出来，显得那样鲜艳和醒目，再看它的周边，规则的圆形是那样完美无缺。

哈雷叹了口气，心里思忖着，如果每个国家的疆域都像这放大镜下的地图那样规则，事情不就很简单了吗？蓦地，哈雷眼睛一亮，一个想法像茫茫暗夜中的火花一样在脑海中迸发出来。

"有办法了"他大声说着，激动的心情促使他在屋里走来走去。

哈雷找来一张现有的最大的，也是最精确的地图，用圆规在上面画了一个圆，根据地图的比例尺计算出这个圆的半径为实际距离的111.2千米。圆所圈出的实际面积为38827.48平方千米。然后将其剪下来，用精确的天平秤其重量，再剪下英国地图并称其重量，得出英国地图重量与圆图重量的倍数。有了这个比例关系，就可以比较准确地计算出英国国土面积。哈雷采用的这种方法巧妙又新颖，得出的结果与今天用精确的仪器所测量的结果相比较，仅有3%的误差。接着，哈雷用同样的方法计算出了英国各个郡的面积。这种独到的计算方法和取得的成果得到了英国皇家学会的高度赞赏，人们也为哈雷的聪明才智所折服。

哈雷在他不平凡的一生当中，取得了许许多多的科学成果，可谓是兼及天地、博古通今。他不仅在天文领域成就卓著，而且还是一位颇负盛名的数学史家和数学家。他将自己渊博的数学知识应用于天文学，并因此而获得了非凡的成就，而且在数学领域也有很深的造诣。他曾经潜心研究早期数学，并翻译古希腊的数学著作，在高等几何、三角函数计算、对数、方程的根等方面都有高深的研究，曾经发表了七篇纯数学论文。

哈雷是近代地球物理学的奠基人之一。他提出，太阳加热是产生季风和信风的主要原因。在地球磁场理论方面，哈雷做出了突出的贡献。

1698年至1700年间，他率领一支皇家科学研究探险队出航大西洋，分别到达了南、北纬52°区域，研究地球磁场变化规律，绘出了地球等磁偏线图，在地球物理研究方面具有极为重要的意义。所以后人将地球等磁偏线称为"哈雷线"。

从古至今，人们所看到的天空中的恒星似乎总是固定在一个位置上，仿佛一颗颗钻石牢牢镶嵌在天幕上，从而形成一个习惯性的概念，以为恒星是固定不动的。1718年，哈雷把自己观测所得到的恒星位置与古希腊天文学家喜帕恰斯和托勒密的观测结果相比较，发现大角（牧夫座$\alpha$）、南河三（小犬座$\alpha$）和天狼（大犬座$\alpha$）三颗亮星的位置有明显差异，而且这个差异不能用观测误差来解释。哈雷经过仔细分析，冲破传统观念束缚，正确断定，这些恒星本身在空间运动着。第一次指出了恒星不动的观点是错误的。人们之所以感觉不到它们在运动，只是因为这些恒星距离地球过于遥远，短时间内观测不到这位的运动罢了。恒星的这种固有的运动叫自行。恒星自行的发现是哈雷在天文学上又一项伟大贡献，再一次显示了哈雷的才智和胆略。为恒星天文学开辟了新的纪元，也是人类认识史上对僵化的宇宙观的一个有力冲击。

在哈雷的一生中，大部分时间都用来进行天文观测。1739年，哈雷已是83岁高龄，而且身体越来越虚弱，他才听从同事和家人的劝告，放弃观测，转而做室内工作。

1742年1月14日下午，明亮的阳光斜射在宽大的壁炉上，哈雷放下手中的观测记录，他觉得有些疲倦了，慢慢活动一下四肢，然后静坐在安乐椅上，让思绪在星空中飞翔。在他一生都爱恋的星空里，千万颗星星闪烁着晶莹的眼睛在向他致意；晨曦里、暮色中，一颗颗彗星舒展着洁白的"轻纱"向他奉献着优美的舞姿；后半生一直惦念着的那颗应该再回来的彗星在归途上安然无恙吧？银河系、太阳系，一个个奇妙的星座在他脑海中依次掠过……他感到全身心都洋溢在难以形容的幸福之中，他为自己无愧无悔的一生感到欣慰。这时，仆人慢慢地走到他身边轻声问他："先生，您喝点什么吗？"

哈雷慢慢地收回思绪，轻轻点头，要了一杯葡萄酒，慢啜轻饮，然后坐在椅子里悄无声息地睡去了。没有呻吟，没有忧虑，没有痛苦，他永远睡着了。

英国伟大的天文学家埃德蒙·哈雷虽然离开了人们，但他在科学上为人类做出的贡献就像璀璨的星空永远闪烁着光芒。他的英灵就像以他的名字命名的彗星一样，遨游在浩瀚的宇宙，光照着人间大地，激励着一代又一代的科学工作者探索奥秘，谱写天文学的新篇章。

# 哈雷彗星　再现风采

　　哈雷虽然早就离开了我们，但哈雷彗星却一如既往地按照哈雷的预言不停地运动着，天文学家们早已计算出，哈雷彗星将在1986年再次回归。

　　1982年10月下旬，全世界的天文爱好者都得到了一个令人激动的消息：哈雷彗星飞进美国一架望远镜的视野，加利福尼亚大学两位学者摄下了这个朦胧的光点，这个消息向世界宣布，人们盼望已久的哈雷彗星又回来了。

　　根据我国历史上对哈雷彗星的记载，即使仅从公元前613年（鲁文公十四年）那次回归算起，至1986年这次回归，已经是第35次与地球相聚了，可谓历尽了人间沧桑。

哈雷彗星是人类所了解的彗星中的佼佼者，伴随着科学的进步，哈雷彗星的每一次回归都为人类对彗星及太阳系的研究做出了不可估量的贡献。

自从哈雷准确地预测了哈雷彗星的周期性之后，天文学家及广大天文爱好者都在哈雷彗星回归时希望自己能够首先发现它。那么，1986年这次回归殊荣属于谁呢？

天文学家们以急迫的心情期待着哈雷彗星的光临。早在1977年，他们就严阵以待，利用当时世界上最大的5米望远镜加上高灵敏度接收器（CCD）对准哈雷彗星应在的天区曝光45分钟，试图找到它的倩影，但未能如愿。

"似曾相识燕归来"，直到1982年10月16日，美国学者首先在望远镜中找到了哈雷彗星。当时它位于土星轨道之外，十分暗弱，就好像从43 000千米处看一支蜡烛的火花。我国天文学家在云南天文台利用1米望远镜加CCD于1984年11月4日也观测到了哈雷彗星。

天文科学的发展使得业余天文学家用肉眼首先发现哈雷彗星的时代一去不复返了。但是人们仍然把肉眼发现哈雷彗星视为一种殊荣。在全世界的业余天文爱好者都在跃跃欲试的时候，光荣属于谁呢？

我国有长达三千年哈雷彗星肉眼观测史，但遗憾的是史书中并没记载每次回归的第一名观测者。这次哈雷彗星回归，同样引起了国人的极大兴趣。

1985年11月19日，《西安晚报》刊登一则引人注目的消息："来自新疆喀什的消息，肉眼看到哈雷彗星"。11月21日《喀什日报》登载出解放军战士赵振军、王永利等用肉眼看到哈雷彗星的经过。内容是：近日来，琉勒县天气晴朗，透明度极佳，解放军驻疏勒某部战士赵振军、王永利和张宝国等同志用肉眼找到举世瞩目的哈雷彗星。11月16日至18日夜晚，他们看到在昂星团正南，有一个雾斑状天体，逐日徐徐由东向西移动。在当地工作的上海天文台和乌鲁木齐天文站专家指出，战士们看到的是哈雷彗星。

1985年11月18日，驻军司令部经过慎重考虑，于当天中午将这一消息用电报发至紫金山天文台、北京天文台、云南天文台、上海天文台和北京天文馆等单位，并将复制的战士所绘星图用快件寄出。时隔半月，部队收到两份电报，一份是北京天文馆馆长陈晓中发来的贺电；意想不到的是，另一份电文诊断所绘星图上彗星位置正确，但根据理论值其亮度还达不到肉眼可见的范围，估计观测有误。对此战士们感到沮丧。在场的天文学家阎林山、王宇等安慰他们："你们的观察是实事求是的，用不着担心，将来一定会得到承认。"

果然，不久美国人也用肉眼看到哈雷彗星，从而证实了战士们用肉眼看到的确是哈雷彗星。战士们得知这一消息后十分兴奋，因为自己观测到的时间仅比美国人晚7天，大家虽天各一方却都看到了比理论计算值增亮许多的哈雷彗星。美国的观测已得到承认，我们的观测也应得到承认。

美国新闻媒介于1985年11月14日报道，最早用肉眼看到哈雷彗星的是斯特暮·爱德堡和查礼士·莫利斯。他们在11月8日世界时10点在南加利福尼亚海拔2100米的维特曼山用肉眼看到了哈雷彗星。也许是一种巧合，11月8日这一天恰好是哈雷的329周年生日。彗星的肉眼发现成了这位伟大天文学家最有意义的祭奠。

哈雷彗星在与地球阔别了70余年后再次如约而至，为人类研究彗星和有关的天文现象提供了一次绝好的机会。世界各国数千名天文学家进行了规模空前的联合观测。数以百计的天文望远镜对准了这颗闻名遐迩的天体。然而，对彗星的研究已经不限于望远镜的观察，人类制造和发射的飞往哈雷彗星的宇宙飞船将对这位远方贵客进行近距离的探访。

据统计，在1985年至1986年两年间，共有6只宇宙飞船对哈雷彗星进行空间探测。它们用34个探测器进行多学科科学测量。

欧洲航天局于1985年7月2日发射了"乔托"号宇宙飞船。"乔托"是14世纪意大利著名画家，1301年哈雷彗星回归时，那壮观的场面深深地印在他的脑海之中。几年后，他在绘制阿瑞那教堂的壁画时，把这颗惊人的彗星描绘成了伯利恒（耶稣降生地）之星。为了纪念这位与彗星有深厚感情的画家，将这只飞船命名为"乔托"号。

前苏联在1984年12月5日和21日分别发射两只各重250千克，名叫"维加"的飞船。它们既要考查金星，同时也负有穿过哈雷彗星的彗发并对其进行观测的使命。"维加"这个名称就是由金星和哈雷彗星俄文名字的前两个字母的拼写而成的。

此外，美国宇航局的航天飞机将把"天文号"送入太空，以观测哈雷彗星；将"国际日地探险者3号"改名为"国际彗星探险者号"参与哈雷彗星的观测；日本的"行星A"号也加入了探测行列。

一只只宇宙飞船，闪电般地向远方来客——哈雷彗星靠拢。这次庞大的彗星探测计划史无前例，最终也取得了辉煌的成就。

在这次联合观测计划中，勇敢地冲在前面的是"乔托"号飞船。哈雷彗星彗发浓密，可谓是"云封雾锁"，要想完成拍摄核照片的任务，必须最大限度地接近彗核。"乔托"号飞船对哈雷彗星作了"最低俯冲侦察"。于1986年3月4日在距离彗核605千米处掠过，并成功地拍摄到哈雷彗星核照片，这种"低空俯冲"确实让航天学家们捏了一把汗。因为这种飞行需要极高的导航精度。要想使飞船在几亿千米远的哈雷彗星彗核旁准确飞过难度极大。打个比方，这相当于在6000千米远处瞄准一只苍蝇的旁边，将子弹射向苍蝇的旁边，将子弹射向苍蝇向阳一侧约50厘米的地方，而射手并不能直接看见苍蝇，因为周围还有一团直径约10米的"雾"包围着它。尽管难度如此之大，在全世界航天学家的共同努力下终于获得了成功。参与这次导航的也有我国紫金山天文台、青岛观象台、上海天文台等单位。他们为联测组织提供了大量彗星位置数据，为彗星观测做出了贡献。

从"乔托"号飞船和前苏联两艘"韦加"号飞船发回的照片上，人类首次看见了彗核的形态，认清了"庐山真面目"，取得了彗星研究领域的重大突破。

这次联合观测，不仅揭开了哈雷彗星彗核形态的秘密，而且在测定彗核化学性质、物理结构、彗星大气与电离层的性质、彗尾的形成过程及与太阳风的关系、彗星与流星雨的关系、彗星的有机分子与地球生命的关系等多方面都获得了相当丰富的资料，人类对彗星了解和认识又大大地向前迈进了一步。

哈雷彗星虽然早已踏上归程，逐渐消失在苍茫的宇宙之中了，但是，关于彗星的新消息又激起了人们极大的兴趣和热情。1996年初，中国科学院紫金山天文台行星研究所王思潮副研究员向新闻界透露，回归周期为3000多年的海勒—波普彗星将于1997年进入太阳系内部，届时，人们可以一睹这颗大彗星的独特风采。

这颗彗星是1995年7月23日由美国业余天文学家艾伦·海勒和托马斯·波普两人发现的。他们是用0.4米天文望远镜在人马座的球形星团附近发现了这颗彗星，因此彗星被命名为海勒-波普彗星。

彗星发现后，天文学家对它进行了大量观测。国际小行星与彗星中心主任马斯顿已计算出彗星的运行轨道和为期3000年的运行周期，其亮度是1994年与木星相撞的苏梅克—列维9号彗星的10倍，超过1986年回归的哈雷彗星。根据它的亮度推测，其彗核直径可达100千米，称得上是彗星巨人。哈雷彗星核长轴只有15千米。据天文学家估计，海勒-波普彗星很有可能成为一二百年来罕见的大彗星。据英国和澳大利亚联合天文台观测，海勒——波普彗星在远离太阳1906亿千米时，已散发出直径为20万千米的彗发，实在令人兴奋又惊奇。

根据天文台计算和预报，海勒-波普彗星将在1997年3月初天亮前出现在中国东北方天空，仰角可达20°左右；4月大部分时间天刚黑时将出现在中国西北方天空，仰角也可达20°左右，人们完全可能用肉眼直接目睹它修长而美丽的身影。

来吧，海勒-波普，人们期待着你！

# 哈雷扫除了迷信与恐惧

　　寂静的夜晚，繁星点点，银盘高悬。那晶莹的星光仿佛害羞似地躲躲闪闪。夜，竟是这般的迷人，不由得让人想起了郭沫若先生那首《天上的街市》：

　　远远的街灯明了，

　　好像闪烁着无数的明星。

　　天上的明星现了，

　　好像点着无数的街灯。

　　我想那缥缈的空中，

　　定然有美丽的街市。

　　…………

多么深远的意境，神奇而又令人神往，把我们带入了那美丽的天国。

的确，天上的一切仿佛那样迷人，那样井然有序，太阳的东升西落，月亮的盈亏圆缺，行星的往来逡巡，日复一日，年复一年，人们已经习以为常。然而，宁静和谐的天空也有让人惊异万分的时候。有时，在暗蓝色的天幕上忽然闯进一颗拖着尾巴的星星，它既不像流星那样稍纵即逝，也不像恒星那样在原地眨眼，它在天空中悠然移动，好像一把扫帚倒悬在天上，它打破天空的宁静，让人诧异和惊奇。这就是彗星，俗名"扫帚星"。

古时候人们把彗星出现看成是神秘可怕的天象，认为它的出现是不祥之兆。特别是古代帝王们，对彗星更是怕得要命。人们对彗星的迷信的原因在于缺乏天文学方面的知识。只看到它来无踪，去无影，不了解它是太阳系中的普通一员和它的运动规律。因此，人们对彗星持有很深的恐惧感，认为它是天神派来的披头散发的大妖魔，是灾祸来临的先兆，把它和人世间的战争、瘟疫、洪水等大灾难联系在一起，演绎出种种关于彗星的迷信传说。

无知会导致迷信，迷信则引发令人可笑的恐惧。纵观历史，最惧怕彗星的，是那些历代帝王们。

公元前230年的战国时期，秦王嬴政凭借强大的国力，先后消灭了韩、赵、燕、魏、楚、齐六国，至公元前221年，统一了全国，结束了春秋战国时期诸侯混战的局面，建立起中国第一个统一的封建王朝——秦。秦王嬴政自号"始皇帝"，后人称之为秦始皇。在中华民族这段不寻常的历史变革中，对彗星的无知和迷信曾起到重要作用。据《史记·天官书》中说："秦始皇之时，十五年彗星四见，凡八十日，长或竟天。其后秦遂以兵灭六国，并中国，外攘四夷，死人如乱麻。"也许正是十五年中四次出现令人恐怖的彗星，才使得列国的君王们失去了"合纵抗秦"的最后信心，认为天命难违，从而导致最后灭亡的命运。然而，把死人如乱麻与彗星四次出现这两件风马牛不相及的事情联系在一起，实在是牵强附会，毫无道理。彗星的出现不过是天体运行中的一件再自然不过的现象，何以能助秦始皇一臂之力呢。

我国唐代李淳风总结了古代关于天象的迷信，编成一书，名为《乙巳占》，其中关于彗星的迷信描述可谓淋漓尽致。

长星状如帚。孛星圆，状如粉絮。孛孛然皆逆乱凶……为兵丧水旱，凶饥暴疾。

彗孛干犯五星，有兵丧，中国兵动，四夷来征，百姓不安。……

从上述对彗星的描述，可见人们视彗星为灾星的迷信由来已久。

古代对彗星的迷信，并不仅限于中国，西方也有许多类似的记载和传说。

公元前44年3月的一天，罗马市民正在为大独裁者儒略·恺撒举行丧礼。恺撒大帝于3月15日死于暗杀。

傍晚，广场上被赶来的百姓们正在为恺撒做着祷告。忽然，不知是谁仰望着北方的天空大声惊叫起来。人们也不约而同地循声望去。只见北方的半空中一颗淡红色的巨星摇曳着一条长长的尾巴，惨淡的微光仿佛是一只阴森可怖的怪眼，窥伺着祈祷的人们。

丧礼结束了，罗马市井中到处都传布着对怪星的议论。有人说这就是恺撒大帝的灵魂，和他生前一样让人觉得阴森可怖。也有人说，这是上天派来运送大帝到极乐世界的枢车。

有些帝王内心恐惧彗星，因而常常希望这些灾难降临到别人头上。

公元79年，罗马皇帝魏斯巴安重病染身，恰好这段时间天空中出现了彗星，他认为这是灾祸降临，内心万分恐惧，便挖空心思寻找种种理由来安慰自己和大臣们。于是他想起了自己光秃秃的头顶，而彗星那阴森的尾巴像是浓密的毛发，便对众大臣说："你们用不着为我担忧；这颗彗星要找的不是我，它是要去安息国皇帝那里，因为他是有头发的，而我却是秃顶。"找到这个理由后，魏斯巴安觉得轻松多了。

古代帝王对彗星的迷信常常也具有两面性，有人惧怕它，也有人利用它。

公元1066年，英国盎格鲁——撒克逊世系的末代国王爱德华逝世。遗憾的是他没有留下继承人，这在当时看来是太不吉利的。王公贵族们只好挑选了哈罗德继承王位。就在新王继位不久的3月份，天空中出现了一颗大彗星。哈罗德国王为此战战兢兢，认为这是灾难即将来临的先兆。恰巧，这一年正值在法国西北部建立公国的诺曼底公爵威廉与英国交战。哈罗德更加深信自己要遭天谴了。

聪明的威廉把这次大彗星的出现说成是天神相助，是他将获得胜利的预兆。于是统帅大军，在英格兰东南沿海的哈斯丁与被彗星吓破了胆的英军大战。结果哈罗德率领的英军大败，威廉在伦敦加冕为王，建立了诺曼底王朝。

在这次战争中，对彗星的迷信成了战争胜败的导向。难怪历史学家们在史书中这样记载："诺曼底人在一颗彗星的引导下入侵英国"。据说英国国王哈罗德战后让人在他的王冠上铸上了彗星花纹，以不忘这次战役给他带来的耻辱。而战胜者威廉的妻子玛蒂丽达为了纪念这次战争的胜利亲手编制了一幅挂毯。天空中一颗长尾巴彗星放射着耀眼的光芒，一群诺曼底人指着彗星兴高采烈，而坐在国王宝座上的英王哈罗德则被彗星和威廉的战舰吓得惊慌失措，战战兢兢。这幅著名的挂毯真实地记录了当时帝王们对彗星的迷信和无知，它至今仍然保留在法国巴耶城的博物馆里。

经过近代天文学家的计算，1066年（宋英宗治平三年）出现的那颗彗星，就是举世闻名的哈雷彗星的一次回归。当时不但在英国和法国可以看到它，在俄国也有这次彗星出现的记载，"当时西方忽有带血色光芒的巨星，每当夕阳后升入天际，如此达7日之久；此种彗星显示将有凶事发生，必有内战或异族侵略俄土，其血色是暗示流血事件"。

其实彗星出现在以夕阳为背景的傍晚，所以才有红色的光尾。这样简单的自然现象却使得无知的王公贵族们心惊胆战。

公元1456年，著名的哈雷彗星再次回归，当时整个欧洲还没有从英法百年战争及东罗马帝国灭亡的阴影中摆脱出来。连年的战争与饥饿，使得人们的神经是那样脆弱。然而，可怕的消息又带来了新的恐怖。传说土耳其回教徒占据君士坦丁堡后，将把教堂改为清真寺，所有基督教徒都将被绞死或遭奴役。人们正在为基督教将面临的灾难而忧心忡忡。就在这一年的5月27日，彗星出现了，基督教徒们阴沉的心中又蒙上了极其恐怖的阴影。据当时史书记载，那颗彗星非常大，尾长可以横贯两个星座，形态好似摇荡的火焰，金光闪闪。仿佛是天谴的神将在空中发怒。教皇卡里克斯特三世命令信奉基督教的人们，全力抵御回教徒的侵略，并叫信徒们诚挚地祈祷，同时发布昭命，正午鸣钟重作晚祷礼拜（原来每天只有一次礼拜），后来的每天两次礼拜就是从那时开始并逐渐约定俗成的。

更可笑的例子是，葡萄牙国王亚丰琐六世在1664年看见彗星时，由于惧怕和激动，竟然拔出手枪，连连向彗星射击，可谓愚蠢到了极点。

当哈雷于1695年经过科学的考证和计算，预言"哈雷彗星"将按一定的周期回归，而这颗彗星果然如约而至的时候，人们才真正地认识到，彗星本是天空中再普通不过的一种天体，彗星的神秘面纱被揭开了。

"世上本无事，庸人自扰之"，在科学落后的时代人们迷信彗星似乎情有可原。在科学昌明的今天如果再把它看成灾难的象征，就太可悲了。

# 彗星与天火之谜

哈雷虽然离我们而去了，但是，他献身科学的精神是永恒的。正激励着千千万万的后继者，对彗星进行各种各样的研究。下面叙述的就是哈雷逝世后，彗星研究的重大成就与趣闻，这是人们对哈雷最好的纪念。

中国民间称彗星为"扫帚星"，认为它是不吉利的象征，会带来种种灾祸，这是无知者的愚昧想法。但是，如果从客观的角度去看它，就会发现，彗星作为一种在太阳系中到处游荡的天体，偶尔也会"犯规"，给地球带来麻烦。

1908年6月30日清晨，前苏联西伯利亚中部的通古斯地区风和日丽，万里无云。人们三三两两地来到一个狩猎驻地兼交易场所进行以物换物、互通有无的交易。西伯利亚虽然地广人稀，但这里还是相对比较热闹的地方。

大约7时左右，从东南方的天空中传来强大的轰鸣声，人们惊异地向天空望去，只见一个比阳光还刺眼的巨大火球拖着红色的火焰以迅雷不及掩耳之势冲向地面。

人们被这突如其来的情景惊呆了。说时迟，那时快，在人们还来不及弄清这是怎么回事的瞬间，那炽热的火球在接近地面的刹那间，随着一声巨响，猛然炸裂开来，一个巨大的火柱冲天而起，随即从地面升起一团巨大的蘑菇云。灼热的气浪将人们推倒在地，爬都爬不起来了。

一位名叫谢苗诺夫的农民在描述当时的情形时说："我只看了一眼火球，眼睛就什么也看不见了，接着就是一阵巨响，把我震出好几米远，我失去知觉好长时间……"

另一位牧民说："我刚刚起床，站在家门口，突然东南方的天空好像撕裂成两块，令人目眩的光亮物飞了过来，好像是一个巨大的火球。它太亮了，天空全都变得通红。我全身灼热，觉得好像是衬衫着了火。接着大地摇动，我被气流冲倒在地，手弄得生疼。在朦胧中，我听到了可怕的巨响，好像是千百个雷同时响了起来，轰鸣声持续了很久，接着森林燃起了大火……"

爆炸发生之后，大火持续了几天几夜，吞噬了6000平方千米的森林，爆炸的冲击力把方圆2000平方千米的树木全部推倒，夷为平地，数以千计的驯鹿死于非命。在400千米的范围内，强劲的气流席卷了屋顶，推倒了墙壁。

爆炸产生的强大空气震动传向世界各地。一小时后，相距970千米的伊尔库茨克就测到了；4小时40分钟之后，5000千米以外的德国波茨坦测到了；18小时后，太平洋彼岸的美国华盛顿也测到了。微气压的震动在30小时之后再次传到波茨坦。就是说，强大的震动环绕地球转了一圈还未消失，全世界的地震仪毫无例外地记录到了地震波。

这场突如其来的天火，惊天动地的大爆炸，强烈地吸引着探险家和有关学者们。人们分析，从爆炸所产生的巨大威力来看，不可能是地球本身的异常。大量目击者也证实，火球开始出现在贝加尔湖方向，然后沿西北方向掠过西伯利亚上空，最后到达通古斯地区。科学家们估计大爆炸的起因是来自于地球之外的一颗小行星。

1927年初，前苏联陨星专家库利克在科学院的支持下，组成了科学考察队，对通古斯爆炸地区进行首次实地探访。在现场，他们看到的是爆炸后的一副凄惨景象。虽然事隔多年，仍然可以看到在火球落点附近，光秃秃的树干像电线杆一样伫立着，高大的松树被折断横倒在山坡上，有些被连根拔起抛在边上，让人意想不到的是，几十万株树木以爆炸地为中心呈放射状倒在地上，这种奇特的现象实在是异乎寻常，令人费解。

更让人费解的是，在被认为是陨星下落的中心区域，本来应该见到撞击产生的大坑穴，附近也应该找到大量陨石碎片。但是，人们连一块陨石也未找到，所看到的也仅仅是一个被当地人称为南沼泽的大泥潭。

库利克教授仍然寄希望于沼泽底部，也许是陨星下落后，水淹没了陨石坑形成了沼泽。由于这次考察并没带机械设备，所以只能打道回府，另作计议了。

在以后的十年中，库利克教授四进通古斯详细考察了沼泽的周围并掏空了坑底，甚至在爆炸中心3千米的范围内掘遍了冻土，仍然一无所获，连一片陨石碎片也没找到。究竟是什么原因引起的大爆炸呢？人们不得不重新思索。

库利克教授的考察工作尚未完成，1941年爆发了第二次世界大战。库利克教授成了莫斯科的民兵，在一次战斗中因腿部受伤被德军俘虏，于1942年4月24日死于纳粹集中营。

第二次世界大战结束后，通古斯爆炸问题的研究由前苏联科学院再次提到日程上来。从1958年开始，多次组织了探险队先后进入通古斯地区进行考察，终于弄清了这次大爆炸的原因。

首先弄清的是，爆炸不是在地面发生的，而是在数千米的高空。这是一个至关重要的问题；其次，闪光是从东南方贝加尔湖方向飞来的，它排除了爆炸原因是来自地球本身的可能；最为重要的是，如此大爆炸没有发现任何陨石。为此，通古斯事件调查队长弗罗林斯基和科学院的佐特全等人做出的结论认为，通古斯大爆炸的真正原因是一个不太大的彗星核，以每秒35—40千米的高速度冲入大气层造成的。这个结论得到了多数科学家的赞同。

前苏联科学院陨石委员会在1960年发表的通古斯事件调查报告中写道：

"1908年6月30日早晨，一个不太大的彗星以40—60千米/秒的速度冲入地球大气层。构成彗星核的物质与浓密的大气猛烈摩擦，产生高温，不到几秒钟彗星核变成了火球。在几千米的高空爆炸，由此产生的冲击波把方圆

2000平方千米范围内的树木全部推倒了，使1500头驯鹿死亡。"

捷克天文学家卢勃·克雷萨在1978年提出，造成通古斯大爆炸的天体可能是几千年前从恩克彗星分裂出去的一块较大的碎片。恩克彗星是一颗暗弱的周期彗星，自1786年被发现以来，每次回归的亮度都在减弱，说明这颗"老年"彗星正在分崩离析，而造成通古斯事件的"元凶"就是它的碎块之一。

近几年，美国的一个研究小组用计算机计算了通古斯天体的运行轨道并指出：这个彗核原来在空间的运行轨道几乎与恩克彗星的轨道路线完全相同，其直径大约150米，质量约为350万吨。它的平均密度小得可怜，不过0.003克/厘米$^3$，当它以高速度进入地球大气层时，巨大的冲击作用产生大约3000万吨氧化氮，其爆炸威力相当于10万吨TNT炸药，约为在广岛爆炸的原子弹能量的600倍。

在通古斯大爆炸发生地区发现的一件奇异事情，再一次为彗星原因说做了进一步的注释。

生物学家发现，在爆炸中幸存的树木和其他植物显著增加了生长速度，新的年轮明显地比爆炸前粗大。新生植物的幼苗也好像雨后春笋般长得极快。

　　植物的异常生长，是否与大爆炸有关呢？科学家们分析了1908年沉积的土层，发现其中磺、溴、锑、锌等30余种元素的含量大大超过上下土层和其他地区同时间形成的土层。他们据此分析认为：彗星在高速下落时，彗发、彗云中含有大量的游离氢，这些氢在运动中迅速飞逸，同大气中的臭氧结合。瞬息间，几千平方千米的臭氧层同时破坏，形成一个窟窿。太阳风（从太阳外层大气不断发射出的稳定粒子束）紧跟着乘虚而入，形成吹生辐射，改变植物遗传特点，使其生长速度加快。另外，这种辐射还可激发大气中的氮，产生氮氢和氮氧化合物，溶于水成为极好的氮肥，是植物生长繁盛的另一个原因，也进一步证实了通古斯大爆炸是太空中的"流浪汉"彗星所为。

# 谁是作案的"元凶"

1872年初冬的一天，在大西洋东部距葡萄牙海岸约6000海里的公海区域，一艘英籍海帆船在海面上正常行驶着。忽然，一阵急促的敲门声惊醒了正在午睡的船长。他急忙翻身下床，下意识地拿起帽子，因为在他睡觉的时候有人敲门，一定是遇到什么麻烦事了。不等他走过去开门，年轻的大副已经推门进了船舱。

"难道有魔鬼在后面追赶你吗？不然怎么急成这样"。船长善意地训斥着大副。

"船长先生，在我们的东北方向出现了一条不明国籍的船只"。看起来他有点紧张，接着说："船长，我们怎么办，如果遇上海盗，我们可得早做准备呀。"

船长对着大副，做了一个下按的手势，示意他要冷静，然后说："走，上去看看。"

甲板上已经站满了人，大家你一句我一句地议论着，看见船长来了，顿时安静了下来。

船长从水手长手里接过望远镜，向远方的船望去。由于距离太远，从望远镜中也只能看到那是一只帆船，朦朦胧胧，既看不清国籍，也看不清船身的字迹和编号。

船仍然向前行驶着，大约过了20分钟，船长开始发出命令"原地抛锚，向那艘船发出信号，询问他们的身份和国籍"。他不想冒险靠近对方。

信号员一遍遍地打着旗语，一个小时过去了，对方仍然杳无声息，人们焦急地等待着。

终于，船长也按捺不住了，他再一次发出命令："缓速前进，所有人员做好战斗准备。"

随着船长的命令，帆船慢慢向对方靠近，人们的心也越加紧张起来。

两船越来越近了，从望远镜中看去，这是一条双桅帆船，静静地停在海面上，它的一张帆已经完全落下，令人奇怪的是船上所有能看见的地方都不见人的踪影。从船头部位可以清楚地看到船的名字叫"玛丽亚·采列斯塔"。

两条船渐渐地靠在了一起，英国船员严阵以待，小心而神速地登上了采列斯塔号。这时他们才发现，自己完全虚惊了一场。原来，这条船的甲板上、船舱里、驾驶室、所有的地方都是静悄悄的空无一人。

在船长室的办公桌上，放着一本航海日记，所记的时间是11月24日，当时它位于距葡萄牙海岸1300千米的亚速尔群岛海域，当时天气晴朗，风平浪静。

船上的一切都井井有条，仿佛什么事也没有发生过，餐桌上摆放着整齐的刀叉，杯盘齐全。好像马上就要开饭的样子。船长室内，装着许多珍宝及大量钱币的箱子并未上锁，看样子是完好如初，没有任何翻动过的痕迹。船员的卧室里，行李整理得十分整齐，绳子上还晾着洗净的衣裤。厨房里食品和淡水都很充足。只是货舱里充满了酒味，一排排酒桶中，有许多打开了盖子。有些桶里的酒只剩下了三分之一。

详细检查后他们发现，除了船上的救生艇外，其他什么都不少。此情此景，仿佛把人带到了另一个着了魔的童话世界。既然一切都完好如初，船上的人为什么离开，他们躲到哪里去了呢？

采列斯塔号的船员全部都神秘地失踪了。因此，这条船也就成了不解之谜。多年来，人们提出了种种猜测，试图做出一个合理的解释。

是海盗洗劫了吗？但是哪里有只害命不图财的海盗呢？是突然的气旋风暴袭击了帆船？那么，厨房里的杯盘刀叉，绳子上晾晒的衣物早该随风而去了。是特有的次生波作祟吗？如果是的话，虽然活不见人，总应该死能见尸啊。是特大章鱼、乌贼偷袭……甚至有人想到了外星人和UFO，然而这些解释没有一个能够令人信服。

在人们对采列斯塔号船员神秘失踪案已经失去信心的时候，天文学家提出的新颖见解使人茅塞顿开，心悦诚服。

美国一位名叫切姆别林的天文学家认为肇事的"凶手"来自于太空。是突如其来的陨星雨造成了这场灾难。

前苏联列宁格勒的天体物理学家尤里·柯甫捷夫则进一步认为疑案的罪魁祸首是比拉彗星，因为欧洲历史上著名的仙女座流星雨正是比拉彗星的瓦解物。

比拉彗星是如何制造了这场悲剧的，还是让我们从头说起。

1826年2月27日，一位名叫威廉·冯·比拉的捷克军官，业余天文爱好者发现了一颗彗星。他一夜又一夜地观测这颗彗星的位置，并根据彗星在天空中行走的路线，计算出它的轨道是一个短椭圆，每隔6.62年回到太阳附近一次，是一颗短周期彗星。

那么，这颗彗星是第一次到太阳附近做客吗？天文学家们经过仔细的研究发现，早在1772年3月8日和1805年11月9日人们观测到的彗星就是现在以比拉名字命名的这颗彗星。

一位天文学家仔细核对了比拉的计算，并做出预测，比拉彗星将于1832年11月27日经过近日点。届时，比拉彗星如约而至，准确到连一天也不差。

再次见到它，应该在1839年，但是这次地球和彗星所处的位置使比拉彗星总是出现在离太阳非常近的地方，用肉眼无法看到。无奈天文学家们只好期待着比拉彗星1846年2月的再次回归。

时间刚到1845年12月，天文学家已经找到了比拉彗星的身影。这次出现，它给了人们一个巨大的惊奇。

当比拉彗星在1845年底刚刚出现时，人们发现它的核有突出部分。次年1月13日突出部分逐渐分裂成两颗彗星，它们各有一个彗核和长达满月的彗尾。两颗彗星像孪生姐妹一样，在天空中比翼齐飞达3月之久。慢慢地，两者之间的距离逐渐加大，到2月中旬已相去甚远了。

1852年9月，两颗彗星再一次结伴而归的时候，显然由于其他行星的影响和自身的质量差异使它们之间的距离增加到240万千米了。

1859年是比拉彗星的又一个回归年，但是在它们应该出现的拂晓和黄昏时分，天空中并未见其踪影。人们只好耐心地等到1865年再目睹它们的风采。可是，到了1865年，虽然天文学家们早已把它们应出现的位置算得很精确，天空中却根本找不到这对彗星的踪影。从此，人们再也没有见过比拉彗星，它们似乎消失在茫茫的太空中了。

难道比拉彗星就这样不辞而别了吗？天文学家们仍然不懈地寻找着。

1872年11月27日，地球穿过原比拉彗星的轨道，这天夜晚，欧洲等地的天空出现了一阵灿烂的大流星雨。整个夜空犹如万树梨花齐放，绚丽无比。流星雨从19时一直延续到第二天凌晨1时，据估计，流星总数大约在16万颗左右，这些流星就是比拉彗星分裂后的产物，它们散布在原来的运行轨道上，当地球运行到这里时，陨星受地球引力作用，纷纷冲入大气层，形成天女散花般的流星雨。

1885年，还是11月27日，地球再次经过比拉彗星的原轨道时，十三年前的情景再现，虽然规模不如上次，但每小时仍达15 000颗，依然令人眼花缭乱。到此时，比拉彗星已彻底瓦解是毫无疑问了。

好了，还是让我们回到采列斯塔号帆船上去吧。

从船上保存完好的航海日志上看，1872年11月24日，它位于亚速尔群岛海域，经过3天时间，按一般航速，大约航行1400千米，恰好在11月27日晚到达出事地点，恰逢流星雨自天而降，悲剧发生了。

天体物理学家尤里·柯甫捷夫描绘了事情发生时的情景：在采列斯塔号出事的区域，流星雨异常猛烈，流星像一团团火球，枪林弹雨般向帆船袭来，浓烈的烟雾，刺鼻的怪味令人窒息，刺眼的火球打落了一只船帆，正在准备开晚饭的船长和船员们全都被这突如其来的打击吓蒙了。迷迷糊糊的船长忽然想起了货舱中的酒，也许火球会使浓厚的酒精蒸气着火爆炸，于是他慌忙下令放下救生船，弃船逃生。然而，不幸的是救生船被更猛的陨石雨击中，所有的人都葬身于海底，成了比拉彗星的殉葬者。

人们终于找到了造成采列斯塔号悲剧的真正元凶。

# 苏梅克—列维9号的壮举

　　1993年9月的一天，一份来自美国夏威夷天文台的传真文件送到了北京天文台李启斌台长的办公桌上。这是一份非同寻常的文件，它传达了一个重要的天文信息：1994年7月17日至24日，一颗名叫苏梅克-列维9号的彗星在分裂成21块后，将先后撞击木星。10月底李启斌台长将这一消息通知了新华社。11月6日，新华社向全国播发了这条消息。由于地球与木星相距7.7亿千米之遥，这次"太空之吻"不会影响到地球，所以这一消息在社会上并未引起太大反响。可是，在天文界却如石击水，引起了不小的波动。全世界的天文学家们都心情激动地等待着这个千载难逢的天体现象。

全球瞩目的苏梅克-列维9号彗星是美国的两位专业天文学家和一位业余天文爱好者在1993年3月发现的。

尤金·苏梅克当年66岁，从事追踪彗星和小行星的工作已有20余年，他的妻子卡罗林·苏梅克在北亚利桑那大学工作，多年的耳濡目染，使她对奇妙的彗星也倍感兴趣，在毫无报酬的情况下，加入了丈夫在夜色中孜孜不倦的搜索星空的行列。他们夫妻二人和老搭档戴维·列维组成了一个专门用天文望远镜猎获彗星的小组。在发现苏梅克-列维9号彗星之前，他们已经发现了8颗彗星，成为出色的彗星猎手。

1993年3月23日夜，苏梅克夫妇和列维按常规工作，他们把设在加利福尼亚州帕洛马山区的天文台内直径46厘米的天文望远镜对准木星方向。然而，天不作美，刚刚还十分明朗的星空被云层遮住了，无法进行观察。后来，云缝中慢慢透出了星光，他们才打开机器，拍摄了一些天文图片。在工作将要结束时，还剩下几张胶片，苏梅克夫妇不准备再拍了，因为这几张胶片在亚利桑那州已经略微曝光，恐怕难以保证拍摄效果，可是列维坚持拍完再结束，苏梅克夫妇只好又回到望远镜前随意拍摄了几张天文照片。本来，大家对这一夜的工作并不抱有希望。可是当卡罗林把冲洗的最后几张胶片放在立体显微镜下时，发现只是边缘因感光略显模糊，效果还不错，接着她看到靠近木星的一个区域内有一个串状天体，十分奇特。她把两位同伴叫到身边，请他们也来鉴别胶片上的图像。两位天文学家看了图像后大吃一惊，照片上有一个非常古怪的星群，看特征像是彗星，但其头部却像一根横着的长棒。这是一颗什么彗星呢？太奇怪了。

为了核实所观测的奇怪天体，列维给亚利桑那大学的天文学家吉姆·斯科特打去电话。斯科特放下手头的工作，立刻将一台91厘米直径的望远镜对准了列维提供的坐标方向，在与望远镜连接的计算机屏幕上观察到了同样的现象。

15分钟后，斯科特与列维再次通话，确认他们所观察到的确实是彗星。当晚，斯科特就给有关部门写信，正式确认苏梅克夫妇和列维是一颗新彗星的发现者。

美国夏威夷位于大洋中，是观察星象比较理想的地方。3月27日，夏威夷大学用高清晰度天文望远镜观察，辨明这是一颗由21个分离的彗核组成的彗星。按照惯例，这颗罕见的彗星被命名为苏梅克——列维9号。

宇宙间天体互相撞击的现象并不罕见，难得一见的是这次彗——木相撞的能量之大，是人类自有宇宙观测史以来所没有过的。由21个彗核组成的苏梅克——列维9号像是一列特快"彗星列车"，在飞驰中接二连三地以每秒60多千米的速度撞击木星，速度越快，能量越大。据计算，一颗直径2千米的彗核在撞击中将释放出相当于两亿吨TNT炸药的能量，等于1亿颗1945年美国投放在日本长崎的原子弹的能量。而在这一连串的彗核中，2千米以上直径的彗核就有十几颗，其中最大的一颗直径达4千米，加上一些小的彗核，整个彗星撞击的总能量相当于几十亿颗原子弹。它比上文提到的通古斯大爆炸的能量强千百倍。

人们不仅为木星担心，这样剧烈的撞击，木星将会如何？其实这种担心完全没有必要，木星无论是"体重"还是"身高"，都堪称太阳系行星中的"老大哥"。木星的赤道半径为71400千米，是地球的11.2倍，体积是地球的1316倍。所以，尽管苏梅克彗星猛撞木星时会产生极为壮观的奇异的天象，但木星并不在意这些"追星族"的"狂吻"。

格林尼治时间1994年7月16日20时15分，北京时间17日凌晨4时5分，举世瞩目的天象奇观——彗木相撞拉开了巨大的帷幕。苏梅克——列维9号21块碎片相继冲向木星，形成了人类有史以来可观测到的最为壮烈的天体大碰撞。

一次次大撞击形成了一团团巨大的火球，瞬间就上升到了2000千米的高空，绵延将近1000千米，亮度急剧增加，将木星的卫星"木卫一"照得比它正常的亮度大许多。掀起的半云直径相当于地球直径的3倍。从哈勃太空望远镜上发回的撞击效果照片清晰地表明，某些彗星碎块的落点上空出现了明显的由尘云形成的隆起的抛物面，抛物面内有一个黑色圆圈，这些暗斑直到8月中旬还清晰可见，据天文学家说，这有可能成为识别木星的新标记。

这次彗木相撞对地球没有产生任何影响，相反，人类却从这次天文奇观中得到了许多收获，一方面加深了人类对彗星和木星本身物理性质的了解，更重要的是可以由此研究小天体撞击行星的物理过程，为地球报警。

当人们从各种媒介中听到或看到彗木相撞的情景时，不免会产生一个最简单不过的问题，地球会不会有朝一日同另一颗彗星相撞？回答是完全有可能的。据天文学家的分析，类似苏梅克—列维9号彗星这种可以对行星构成威胁的小天体数目虽然较，但还没有到可以忽略不计的程度。这些小天体直径大约在几百米至几百千米范围内，它们都是在以太阳为焦点的轨道上运行，如果它们的轨道与地球交叉，就有可能撞上地球。更何况彗星是太阳系放荡不羁的天体，它们四处游荡，总是让人提心吊胆。

然而，1994年的彗木相撞，给科学家们提供了一次极好的机会，通过观测获得了一套完整的行星相撞知识。这些知识会成为将来分析和处理小行星或彗星撞击地球时最宝贵和最有用的资料。

据称，在太阳系靠近地球轨道的宇宙空间大约有一万颗直径大于0.5千米的小天体。但是我们无须为此而担忧，因为现代天文学家得到计算机的支持，能够轻而易举地一个个计算它们的未来行踪。目前已经找到了100颗此类小天体，经过计算，它们对地球都不构成威胁。全世界的天文学家们计划再用25年的时间将这些小行星全部找到，一旦确认某个小天体对地球的安全存在威胁，现代科学水平完全有能力将一枚氢弹或更先进的爆炸物送到预定的目标，实施定向、定量爆炸，以改变它的轨道或使其分裂，"失之毫厘"将"差之千里"，地球和人类所面临的威胁也就消除了。所以说，苏梅克-列维9号彗星与木星相撞实在是为天文学家们提供了一次保卫地球的绝好练兵机会。

# 地球的第十个"兄弟"

在太阳系这个大家族中，我们所居住的地球并不孤独。它和其他行星一起围绕着太阳在静静地按各自的轨道运行着，按照离太阳由近及远的顺序它们分别是水星、金星、地球、火星、木星、土星、天王星、海王星、冥王星，人称九大行星。

在1781年英国天文学家赫歇尔发现天王星之前，人们一直认为土星是太阳系的边界。后来随着天王星、海王星和冥王星的发现，才一次又一次地开阔了人们的视野，使人们所认识的太阳系的范围不断扩大。那么，太阳系中究竟有多少颗行星？它们在哪里，如何找到它们？

人们很自然地提出了这些问题。那就让我们从冥王星的发现说起。

自从1846年9月发现海王星之后，人们发现海王星的运行轨道与理论计算不完全符合，所以人们进一步推断，海王星的轨道之外还存在着未知行星——"海外行星"。

本世纪初，以观测火星而闻名的美国天文学家洛韦尔为了寻找"海外行星"，运用天体学理论进行了未知行星的预测推算，又用照相方法拍摄了3000多张底片，遗憾的是，在洛韦尔有生之年，这颗行星一直没有被他发现。

从1929年起，年仅23岁的美国天文学家克利德·威廉姆·汤博（Clyde William Tombough，1906—）在韦洛尔工作的基础上继续寻找这颗行星。他在预测的天区中一块块地拍照，然后在闪视镜（也称闪视比较仪，用来搜索光度有变化或位置有变动的天体的仪器）上进行检查。有时，在不同时刻拍摄的同一天区的两张底片中找出一个移动了位置的星点，要涉及几万颗星，真像大海里捞针一样，困难可想而知。

1930年2月18日，一个偶然的机会，汤博在双鱼座附近的底片中发现了一个微弱的光斑，它在6天内移动了35毫米，最终这颗星被证明就是太阳系的第九颗行星。这一重大的天文发现被看做是20世纪最大的天文发现之一，美国新闻机构曾把此事列为1930年世界十大新闻之首。可见，这件事在世界科学领域是一件多么了不起的事情。

1990年，已是84岁高龄的汤博先生在美国太平洋天文协会年会上作报告。谈起发现冥王星的那一刻，激动之情溢于言表"……我想，这是个历史性时刻，最好还是看看表，那时正是美国中部时间下午3时58分。……我还检查了用其他望远镜拍摄的同一天区的底片，新行星赫然在目，在同一位置上。我那时如此地激动，按着闪视镜手动操纵纽的手颤动得不能平静下来。在整整三刻钟时间内，我是世界上知道冥王星确切位置的唯一的人，那时我刚满24岁。"

这颗行星在寒冷黑暗的太阳系远端围绕着太阳转动。从它那里看太阳，太阳不过是一颗明亮的星星罢了。由于它离太阳极为遥远，处在幽冥与黑暗的环境中，所以，人们把它命名为"普路同"（pluto），即希腊神话中的地狱之王，译成汉语就是冥王星。

冥王星被发现后，天文学家的头脑里仍然有一个难以消除的问号。他们将冥王星的影响算进来，为什么天王星和海王星还是偏离正常轨道？也许还有第十个行星？几十年来，他们在不断地搜寻、企盼着冥王星能指点迷津，然而冥王星却一直默不作声，在幽幽的远方一圈又一圈绕着太阳打转。

对于地球的第十个"兄弟"是否存在，绝大多数天文学家持肯定态度。理由是，太阳的质量是九大行星总质量的740倍，而周围却只有这寥寥的9颗行星，这在理论上难以解释：根据计算，太阳的引力范围可达4500天文单位（天文学中测量距离的基本单位，地球至太阳的距离为1个天文单位），而目前九大行星所占范围还不到50天文单位，只有引力范围的1.1%。很显然，这与太阳系应有的范围极不相称，表明冥王星外还有行星，甚至可能还有不止一颗行星。

理论上的分析是如此确定，我们怎样才能找到冥外行星呢？彗星也许会成为我们打开这把锁的钥匙。

我们先来看看老朋友哈雷彗星为我们提供的信息。

哈雷彗星在1835年和1910年两次回归时，过近日点的时间都比理论计算的时间推迟三天。如果从公元295年到1835年间共21次回归时间计算，过近日点的时间呈现规律性的变化，这个变化的周期是500年。也就是说，在冥王星以外应该有一颗以500年为公转周期的未知行星对哈雷彗星产生摄动，使它的运动发生有规律的变化。

还有一个更有趣的现象可以说明冥外行星的存在，那就是彗星的"家族现象"。

太阳系中的彗星有许多是游游荡荡的流浪汉，也有一些是遵规守矩的周期彗星。这些周期彗星一般都形成一个个集团，人们分别称之为木星族、土星族、天王星族等等。所谓"星族"是指这些彗星运行的远日点都在某一颗行星的轨道附近。例如，恩克彗星、比拉彗星、阿伦德彗星等70多颗彗星，离开太阳最远的地方是木星的公转轨道附近，所以它们就叫做木星族彗星。土星、天王星、海王星等也有相应的彗星族。

这些彗星为什么要运行到某一颗行星的运行轨道上就折返，目前还不十分清楚，也许是彗星在进入太阳系内部过程中受到这些行星的引力影响所致。

行星的彗星族现象为天文学家寻找新行星打开了一扇明亮的窗子。人们发现在冥王星轨道之外的38—45.4天文单位的空间内，有雅克比尼，而尔克斯、皮格等8颗彗星，称为冥外第一彗星族，这八颗彗星与木星族的彗星很相似，而且全都是顺行。八颗彗星分成两组和一颗单独彗星。它们运行的轨道形状虽然各有不同，但它们离开太阳最远时的距离几乎是相等的。因此人们认为，在这些彗星离开太阳最远的地方，一定还有一颗行星在运行，它就是地球的第十个"兄弟"。

人们并不意外地发现，在冥外第一彗星族的外面，又发现了冥外第二、第三和第四彗星核，它们分别由5颗、4颗和5颗彗星组成。所以，我们有理由认为，在地球的第十个"兄弟"之外，还有第十一、十二个兄弟在寂寞的太空中飘荡着，等待着人类去发现。

虽然从行星的彗星族来预测和发现未知行星的方法还没有得到实际验证，但许多天文学家都认为这是一种科学而又独特的方法。

亲爱的青少年朋友，您愿意追随哈雷及其他先辈们加入探索宇宙奥秘的行列吗？地球的第十、第十一、第十二……兄弟们正在招手。

# 彗星与地球生命

当今的人类，已经进化得非常聪明了。然而，聪明的人类对地球生命的起源问题仍然不时地感到困惑。自从人类想要弄清地球生命究竟从何而来那时候起，关于生命起源的争论就一直没有停止过。

古希腊伟大的学者亚里士多德认为，在很短的时间内，生命可以从无生命界中自然发生，不但可以产生低等生物，而且还可以产生像鱼这样的高等动物。是亚里士多德的声望使这种观点延续了很久，几乎就成了真理。

17世纪，意大利医生雷迪敢于向传统观念挑战，首先对这种生命的自然发生学说提出质疑。他用纱布严严实实地把肉罩住，肉虽然腐烂、变质、发臭，却没有一只蛆虫产生，由此说明蛆绝不是自然发生的，而是由苍蝇所产的卵发育而成。后来，法国生物学家巴斯德以实验击败了自然发生说，提出了"生源说"，他的观点是，生物只能来源于生物。但他不能解释的是最初的生物是从何而来？

随着生命化学本质的研究，有人提出了生命起源的化学进化学说，认为原始生命是通过漫长的化学进化过程，从无生命的物质中产生的。最初，原始地球的大气中只有甲烷、氨、水蒸气等，在雷电和紫外线的作用下，形成简单的有机物。像氨基酸、核苷酸等。这些化合物在原始海洋中缓慢形成蛋白质、核酸，并相互作用产生团粒结构，并有简单的代谢和繁殖行为，最终出现第一个原始生命。

当然，这仅仅是一家之说，实际上关于生命起源的学说一直像万花筒一样让人应接不暇。早在19世纪中叶就有人提出，宇宙中早就存在着生命。这些生命就像蒲公英的种子一样在宇宙中漂荡，它们的孢子或胚种会随着彗星或者"宇宙风"（如光压）来到地球，成为地球上各种生物的祖先。这种说法令人兴趣盎然，更有许多直接和间接的证据在不断地支持着这一观点。

1963年，人们用射电天文方法发现，在星际空间中存在着有机分子。这一发现被认为是20世纪60年代天文学四大发现之一。20世纪70年代又在星际空间和邻近的河外星系中陆续找到了许多种分子，到1979年底已经认出的星际分子已经超过50种，而且在这些分子中大多数是有机分子，从而引起了生命科学工作者的热烈讨论。为生命起源于宇宙的说法提出了进一步的注释。

日本科学家中川直哉提出一种生命起源的设想。生命的基本物质诞生于漂浮在宇宙的尘埃上。掺杂在宇宙尘埃上的氢等受到放射线的照射而发生反应，形成氨基酸等复杂有机物，它们随彗星或来自于彗星的陨石进入地球，形成生命的母体。在这里彗星是地球生命来源的主要载体。回顾早已证实的彗星中含有大多复杂的有机分子，而且也找到组成生命的单体氨基酸，中川的设想就显得非常有说服力了。

20世纪70年代末，英国著名天体物理学家霍伊尔论证了地球上的生命起源于彗星。认为生命是在星云中形成后，通过彗星被送到地球上来的，并且认为不仅是几十亿年前而且现代的彗星也会给地球带来诸如流行性感冒病毒和其他菌类等。霍伊尔的观点从根本上动摇了地球是生命起源发祥地这种说法的基础。

最近，美国圣迭戈加州大学的科学家巴德和米勒在美国先进科学协会会议上提出彗星撞击地球形成地球生命的新理论。他们认为：彗星和小行星在地球形成的40多亿年来多次撞击地球，使冰封的海洋间歇地融化，所引起的反应，导致第一批有生命的有机体得以在地球上出现。

　　这一观点的主要问题是早期地球的温度是否处在较低水平，以使其表面呈冰封状态，从而保证生命之源在地球上保存下来。

　　研究发现，如果初期地球的大气层和今天的类似，只要太阳的光热比今天低几个百分点，地球的气温就会降至零下40℃，致使地球外部成为冰冻的壳层。而太阳进化的研究已经发现，年轻时的太阳，光热度要比现在低二至三成。

　　巴德和米勒的新理论指出，早期地球海洋冰封达300米。偶然间，直径达95千米的彗星或小行星撞击地球，其巨大的能量可以使地表海洋解冻融化，同时将生命物质溶于海水中。

　　重复多次的撞击，使海洋融了再冻，冻了再融，这种结冰和溶解循环过程对生命的出现担当了重要角色。因为它把小行星和彗星带来的物质，如生命之源所需的一些物质困在冰下，不致流散在大气中被摧毁，使这些物质有机会合成为有机质，进而演化成原始生命。

现在地球上充满了生命。然而，生命的起源问题却是一个需要努力研究的复杂问题。解开生命起源的钥匙也许就在彗星之中。那么谁是这把钥匙的主人呢？也许他就在我们这本书的读者当中。

如果说彗星与地球生命起源之间的关系还是个不解之谜的话，还有比这更让人新奇的谜使人惊异。那就是每当哈雷彗星对地球进行周期性"访问"时，地球上就会出现神奇的"彗星蛋"。

在上文中我们曾经提到过哈雷在新婚之时，即1682年曾见到一个大彗星，并预言它将在1758年再次回归。就在1682年哈雷彗星回归的时候，在德国的马尔堡，有一只母鸡生下一只奇异的怪蛋，蛋壳上带有星辰花纹，如刻似镂般展现在浑圆的鸡蛋上。当彗星按照哈雷的预言于1758年重现在天空的时候，英国北部霍伊克镇附近一农家的母鸡也生下一枚蛋壳上彗星图案十分清晰的鸡蛋。彗星蛋的再次出现在天文界和生物界都引起了不小的震动。许多科学家也开始认为这不像是偶然现象，于是期待着1834年哈雷彗星造访时彗星蛋的再次出现。1834年，在希腊距奥林匹斯山约50千米的小镇科扎尼的一户名叫齐西斯·卡拉斯的人家里，果然有只母鸡生下一枚彗星蛋，蛋壳上也有清晰的彗星图。这只如约而来的彗星蛋顿时成了无价之宝，主人卡拉斯将它献给了国家。1910年是哈雷彗星回归并以其巨大的彗尾横扫地球那一次，同样在法国一位名叫阿伊德·布莉亚尔的女人家里饲养的母鸡也生下一只彗星蛋。蛋壳上彗星花纹如雕刻一般醒目，擦拭不掉。

1986年，当哈雷彗星再次回归时，科学已经得到了长足发展，人们并没有忘记与哈雷彗星一起来临的彗星蛋。早在20世纪50年代，前苏联、美国等国家就已广泛建立信息网络，征求彗星蛋。果然，苍天不负人心，当1986年哈雷彗星翩翩而来时，在意大利博尔格的一户居民家里，随着母鸡的啼叫，又一枚彗星蛋诞生了，这只蛋立刻成了无价之宝。

彗星蛋的连续出现，引起了科学家的广泛重视，他们在苦苦思索，不懈地努力，试图揭开这个谜。但是，至今彗星与彗星蛋之间究竟存在着什么关系仍然让人费解。前苏联生物学家亚历山大·涅夫斯基认为："二者之间肯定具有某种因果关系，这种现象也许和免疫系统的效应原则，和生物进化等有一定关系。但是，秘密究竟如何解开，目前仍然是个谜。

　　亲爱的青少年朋友，您有志解开这个谜吗？2062年哈雷彗星再一次出现在天空，请您拭目以待吧！当它再一次与人们会晤时，您能回答彗星蛋的秘密吗？

# 世界五千年科技故事丛书